„Das Leben ist wie ein aufgehendes Farnblatt. Lass es sich entfalten, denn es steckt voller Neuanfänge, Veränderungen und Kraft."

„Eure Söhne brauchen euch!
Sie brauchen anwesende und nicht abwesende Väter,
die sich auf Augenhöhe mit ihnen auseinandersetzen.

Es braucht gemeinsame Vater-Sohn-Erlebnisse und
Rituale, die verbinden, zusammenschweißen und
Lernen zulassen."

Inhalt

Über den Wolken 7
Wie aus einem Hühnerei ein Straußenei wurde 13
Geboren, um zu leben 19
Wo Altes weicht, entsteht Neues! 25
Her Majesty 31
Über richtige und falsche Freundinnen 37
Bestellung an das Universum 44
Männerspaß mit Speed und Beef 53
Unbekannte Verbündete 60
Schwesterliebe 69
#BH-Zaun 73
Bewahrung der Schöpfung 79
Geheimnisse der Familiengeschichte 87
Männerfreundschaften und Geh-Spräche 95
Die spirituelle Energie der Natur 103
The glass is half full 110
Das Kind und der Beschützer sind zurück 117
Über das Erwachsenwerden 124
Power der Jugend und Ausdauer des Alters 132
Selbst ist der Sohn 139
Ein kühles Ale mit Frodo und Sam 145
Mama feiert ohne uns 153
Die 309 159
Die besten Fish 'n' Chips 165
Menschen verbinden sich auch ohne Worte 170
Mitten ins Herz 177
Schutzengeltreffen 182
Bob der Baumeister 189
Getrennte Wege 193
Der letzte Abend 199
Wieder zu Hause 204
Danke an 209
11 Empfehlungen für deine unvergessliche Vater-Sohn-(Aus-)Zeit . . 210
Quellenangaben 217
Endnoten 218
Über den Autor 220

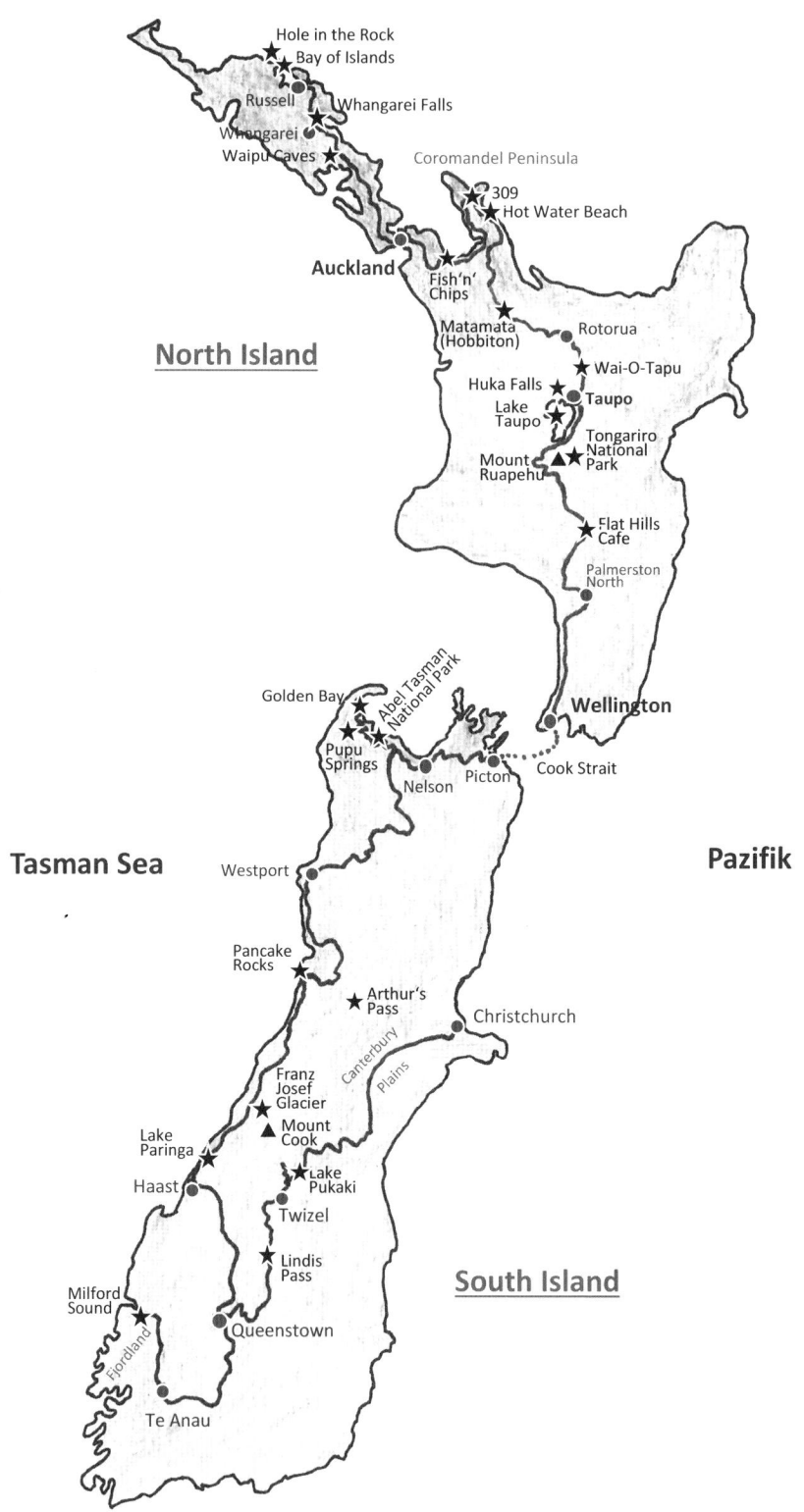

Über den Wolken

Man kann nicht Nicht-Vater sein. Man ist es mit allem,
was man getan hat, und allem, was man nicht getan hat.
Aber vor allem ist man Vater mit allem,
was man heute tut und morgen tun wird!

Andreas Seltmann, *1968

Liebe Claudi,

es ist Sonntag, der 23. April 2017, und die Motoren der Boeing 777 werden lauter und lauter. Wir rasen die Landebahn des Frankfurter Flughafens entlang und ich werde tief in meinen Sitz gedrückt. Der Start ist irgendwie immer wie Achterbahnfahren: unfassbar aufregend... dieses Gefühl von Technik, Kraft und Geschwindigkeit. Der Pilot zieht den Vogel nach oben, es kribbelt in der Magengrube und nun wird es mir endgültig klar: Ich bin mittendrin in einem besonderen Abenteuer. Du kennst unser Ziel: das andere Ende der Welt!

Ich genieße es, von meinem Fensterplatz die Welt aus der Vogelperspektive zu beobachten. Von hier oben sieht alles so herrlich klein und friedlich aus. Ich komme mir vor wie ein kleiner Junge, der die Szenerien der väterlichen H0-Märklin-Modelleisenbahn betrachtet und mit großen Augen, offenem Mund und mit rasendem Herzen ein Miniatur-Wunderland bestaunt. Mein Blick wandert nach rechts. Neben mir, auf dem Sitz 41 B der Economyclass, sitzt unser Sohn Tim und lächelt mich an. Ich strecke ihm meine offene Hand zu einem „High five" entgegen. Kurz nachdem unsere Hände aufeinanderkrachen und eine asiatische Passagierin hinter uns ein kurzes erschrockenes „Huuu" ausstößt, beschäftigt sich unser Sohn bereits mit dem Touchpad am Sitz und dem Entertainmentprogramm an Bord.

Ich überlege, wann ich zum letzten Mal zusammen mit unserem Sohn in einem Flugzeug gesessen habe. Weißt du was? Ich kann mich nicht mehr daran erinnern. Irgendwie kann ich es immer noch nicht richtig fassen, dass ich mit Tim hier sitze und wir beide mittendrin sind, in der bisher längsten Vater-Sohn-Zeit unseres Lebens. Wir werden die nächsten Wochen sehr viel Zeit miteinander verbringen. Ich bin gespannt, welche Erlebnisse, Erfahrungen und Begegnungen mit anderen Menschen und uns selbst auf uns warten. Werden wir es schaffen, uns als Vater und Sohn (neu) zu entdecken? Werden wir überhaupt Spaß zusammen haben? Wie oft und wie heftig werden wir uns streiten? Wird uns die gemeinsame Zeit noch enger zusammenbringen oder uns voneinander entfernen?

Ich habe vor Aufregung Schmetterlinge im Bauch, aber auch Angst. Mir wird klar, dass dies ein Abenteuer ist, dessen Ausgang ich nicht kenne. Wahnsinn!

Liebe Claudi, weißt du noch, wie es war, als wir gerade Eltern wurden? Das ist knapp 18 Jahre her. Wenn du mir damals gesagt hättest, dass ich mit 50 Jahren mit unserem Sohn ans andere Ende der Welt reisen würde, hätte ich dir das wohl nicht geglaubt. War es Schicksal oder Vorsehung? Ein heimlicher Plan, von wem auch immer ausgeheckt? Zumindest *mein* Plan war es ganz und gar nicht.

Ich habe nicht bewusst auf diese Reise hingearbeitet, es hat sich so ergeben. So, wie sich viele Dinge in unserem Leben als Eltern ergeben haben. Ich glaube aber, dass wir eine elterliche Empathie und die Intuition haben, Gelegenheiten zu ergreifen.

Letzte Woche, bei unseren Reisevorbereitungen, fiel mir eine Postkarte mit folgendem Zitat von Søren Kierkegaard in die Hände: „Das Leben wird vorwärts gelebt und rückwärts verstanden."

Heute sagt mir dieser Satz sehr viel. Damals, als ich ein frisch gebackener Papa war, hätte ich ihn nicht verstanden. Wir waren als junge Eltern mit anderen Themen und Gedanken beschäftigt, als rückwärts über das Leben nachzudenken. Damals sind wir gerade 30 Jahre alt geworden und unsere kleine Familie war erst am Entstehen.

Hättest du gedacht, dass wir heute in einem schönen kleinen Haus in einem Vorort von Freiburg wohnen und 2 tolle, gesunde und starke Kinder haben? Viel Zeit ist in der Zwischenzeit vergangen und wir haben sicherlich Höhen und auch Tiefen durchlebt. Wir sind ein Team geblieben und immer noch glücklich zusammen. Man könnte fast sagen, dass wir eine ganz normale Familie sind.

Hatte ich als junger Papa eigentlich schon den Wunsch, unserem Sohn ein guter Begleiter zu sein? Wenn, dann wohl eher unterbewusst, oder? Ein guter Vater wollte ich schon immer sein, aber in dieser Lebensphase hatte ich das stark auf die Wochenenden beschränkt und mich sonst auf meinen Beruf und meine Karriere konzentriert.

Als Vertreter der geburtenstarken „Generation Golf" wollte ich Erfolg haben, Verantwortung übernehmen und gutes Geld verdienen. Ich wollte unserer kleinen Familie einen guten Lebensstandard ermöglichen.

Wieso, das weiß ich heute eigentlich gar nicht mehr. Weder du noch unsere Eltern haben mich jemals dazu angetrieben. Es war mein eigener Antrieb, mein eigener Ehrgeiz.

Aber zum Glück war da irgendwie auch noch etwas anderes: Etwas, das damals zwar noch ganz still, aber schon tief in mir war. Ein zartes Pflänzchen, das scheinbar erst jetzt und heute voll zur Blüte kommt. Es war meine „Vater-Sein-Seele" – es war das Bewusstsein, Vater zu sein.

Ich weiß noch genau, wie toll die schneereichen Winter auf der Schwäbischen Alb waren. Tim, dein Vater und ich bauten auf dem Ochsenberg so gerne Schneemänner, fuhren mit dem Schlitten um die Wette und das gemeinsame Toben im Schnee in dieser herrlichen Winterlandschaft erfüllte uns mit Glück und Zufriedenheit.

Die Schneemänner schmolzen und jedem Abschied und jedem Neubeginn wohnt ein ganz besonderer Zauber inne – ein Zauber, den ich nicht als solchen wahrgenommen hatte.

∼

Ich habe dir nie erzählt, dass der Augenblick, als unser Sohn zur Welt kam, mein Verhältnis zu meinem Vater komplett verändert hat.

In dem Moment, als Tim auf die Welt gekommen war, habe ich von einer Sekunde auf die andere tief in mir gespürt, dass nun sein Leben ganz eng mit meinem Leben verwoben sein wird. Ich habe mit einem Mal meinen Vater in einem anderen Licht gesehen. Mir wurde klar, welche Verantwortung er angenommen hatte. Mit einer ungeheuren Klarheit spürte ich, dass von nun an nichts mehr so ist, wie es vorher war. Ich weiß noch, dass die Sonne gerade aufging, als Tim das Licht der Welt erblickte. Der ganze Raum war vom Morgenlicht und von der Energie der aufgehenden Sonne erfüllt.

∼

Als ich damals, am 30. April 1999, vom Krankenhaus in Sigmaringen nach Hause fuhr, kaufte ich mir die Tageszeitung der Region mit dem Gedanken, diese meinem Sohn zu seinem 18. Geburtstag zu schenken. Ich wollte den Zeitgeist des Tages seiner Geburt einfangen und unvergesslich machen. Zu Hause setzte ich mich an den großen Buchenholztisch in unserer Dachgeschosswohnung und frühstückte zufrieden. In der Wohnung war es ganz still und ich schaute auf den noch leeren Stubenwagen in der Ecke vor dem Fenster. Was das Leben von mir als Vater abverlangt, wusste ich in diesem Augenblick noch nicht.

∽

Mein Blick schweift durch das voll besetzte Flugzeug. Die meisten Passagiere sind mit dem Bordprogramm beschäftigt, lesen oder sind dabei, sich eine einigermaßen angenehme Schlafposition einzurichten. Es sind noch 7 Stunden und 20 Minuten, bis Tim und ich in Singapur landen. Erst dann haben wir die Hälfte der Strecke hinter uns. 2 Reihen vor mir kommt gerade eine Mutter mit ihrem Kind auf dem Arm an ihren Platz zurück und drückt der Stewardess eine Windel in die Hand. Stimmt ja, so war das damals: Windeln, Brei und das Baby auf dem Arm herumtragen.

∽

Eine Erkenntnis ergreift gerade Besitz von meinen Gedanken und die will ich unbedingt noch mit dir teilen: Es ist die Erkenntnis, dass wir nicht für das Glück unserer Kinder verantwortlich sind. Als Vater kann ich ihnen, genau wie du als Mutter, nur Brücken bauen, ihnen einen Zugang zu meiner Welt geben, Chancen ermöglichen und Möglichkeiten der Zufriedenheit aufzeigen. Glücklich sein und glücklich werden können unsere Kinder nur selbst. Dieser Gedanke macht mich irgendwie frei, gibt mir Kraft und Selbstbewusstsein. Er sagt mir aber auch, dass ich für mich selbst sorgen muss, um zufrieden und glücklich zu sein. Denn auch ich bin für mein Glück als Mann und Vater selbst verantwortlich!

Übrigens, jeder von uns geht diesen Weg, das ist der Weg des Lebens. Dabei begegnen wir innerlich und äußerlich Helfern,

Helden, (Be-)Lehrern, Göttern, Gefährten, Sündenböcken, Verführern, Verrätern und Verbündeten. Allesamt sind diese Begegnungen auch Begegnungen mit uns selbst, denn wir haben diese Eigenschaften auch alle in uns. Ich bin überzeugt, dass es meine Aufgabe als Vater ist, meinem Sohn zu ermöglichen, diese Begegnungen ohne körperlichen und seelischen Schaden zu erleben. Er muss diese Begegnungen in sich aufzunehmen, durchwandern und die Erfahrungen in sich vereinen, um dadurch zu einem ganzheitlichen, integren Mann heranzuwachsen. Nicht mehr, aber auch nicht weniger!

Liebe Claudi, du bist eine tolle Mutter und hast unserem Sohn viel Liebe, Nähe und deine Werte als Mutter und Frau beigebracht. Ich bin stolz und dankbar, dass du die Mutter unserer Kinder und meine Frau bist!

LG und HDGDL,
Dein Andi

PS: Nutze die Zeit mit unserer Tochter, um gleichermaßen „Mutter-Tochter-Zeit" mit ihr zu verbringen, auch wenn die Zeit weniger Urlaub und Reise als vielmehr Alltag, Schule und Arbeit ist.

Wie aus einem Hühnerei ein Straußenei wurde

Alles von deinem Vater ist in dir und alles von dir ist in deinem Sohn. Das Gute, das Dunkle, das, was du nicht sein willst, und das, was dich zu diesem liebenswürdigen Menschen macht, der du heute bist.

Andreas Seltmann, *1968

Lieber Tim,

so ein Flug ans andere Ende der Welt in der „Holzklasse", wie du das genannt hast, ist ganz schön anstrengend, oder? Immerhin haben wir, bis wir an unserem Ziel sind, circa 18.685 Kilometer zurückgelegt. Der Aufenthalt hier in Singapur mitten in der Nacht brachte mich irgendwie aus dem Tritt und ich bin froh, wieder im Flieger zu sitzen, um etwas zu schlafen. Zum Glück haben wir 2 Hünen es geschafft, einen Platz in der „exit row"[1] zu ergattern und können jetzt unsere Füße ausstrecken. Es sind nach diesen 12 Stunden von Frankfurt bis hierher immerhin weitere 9 Stunden und 17 Minuten, bevor wir an unserem Ziel ankommen. Gleich nach dem Start des Fluges SQ 297 haben wir uns eine Decke geschnappt, uns eingerichtet und du bist auch recht schnell eingeschlafen. Friedlich liegst du quer in deinem Sitz und atmest ruhig vor dich hin. Leider ist das bei mir nicht so. Zu viele Gedanken gehen mir, trotz meiner Müdigkeit, durch den Sinn und ich schreibe nun diesen Brief an dich.

∿

Du bist gerade 17 Jahre alt und wir beide sind auf dem Weg zu unserer bisher längsten gemeinsamen Vater-Sohn-(Aus-)Zeit. Wir beide haben diese Reise nicht mit langer Hand geplant. Die meisten gemeinsamen Touren haben wir spontan durchgezogen. Aber schön war es immer, gemeinsam mit dir unterwegs zu sein und Zeit mit dir zu verbringen. Weißt du noch, wie wir beide mit dem Fahrrad in Südtirol unterwegs gewesen waren? Wie wir an Pfingsten im „Kalterer See" gebadet haben?

Erinnerst du dich, wie wir am Arlberg gemeinsam beim Skifahren gewesen waren und ich alle Unterhosen zu Hause vergessen hatte? Tja, unsere Vater-Sohn-Reisen waren immer tolle Erlebnisse gewesen. Natürlich war es auch immer schön, als Familie zu reisen und auch Mama und Leonie dabei zu haben. Aber Vater und Sohn alleine ist eben anders, als mit der ganzen Familie unterwegs zu sein.

∿

Wenn ich so zurückschaue, waren sie mir immer schon wichtig, unsere Rituale und unsere Zeit miteinander und füreinander. Für dich waren sie wahrscheinlich erst einmal blöd und befremdlich und einige Regeln und Rituale hast du lange abgelehnt. Das Vereinbarungsbuch zum Beispiel. Das war dir immer ein Dorn im Auge. Es war ein dokumentiertes Zeichen von deinen, aber auch meinen Unzulänglichkeiten. Das Buch, oder besser gesagt, die beiden Hefte, sind nun in deinem Besitz und du kannst die Geheimnisse und Streiche deiner Kindheit und Jugend (die mir bekannt sind) immer wieder in Ruhe nachlesen und später vielleicht deinen Kindern zeigen. Ich wette, du wirst irgendwann herzhaft darüber lachen, aber vielleicht auch ein wenig verstehen, dass wir damit ein einfaches und praktisches „Werkzeug" hatten, Verbindlichkeit zu trainieren. Weißt du noch, als ich dich beim Rauchen erwischt habe? Du warst gerade 11 Jahre alt. Ich kam in dein Zimmer und es roch extrem stark nach Deo. Detektiv Papa kombinierte verdächtigen Geruch und väterliche Intuition und fragte: „Tim! Hast du geraucht?"

Du warst wie vom Blitz getroffen und deine Augen fragten: Wie kommst du denn darauf? ... Es riecht doch gar nicht nach Rauch, sondern nach Deo! Als ich dich dann zum 2. Mal fragte, ob du geraucht hast, war deine Antwort: „Ja... aber woher weißt du das?"

Einerseits war ich froh über deine Ehrlichkeit, andererseits konnte ich das in diesem Alter natürlich nicht tolerieren. Ich setzte auf Vertrauen und Aufklärung. Wir vereinbarten per Handschlag und schriftlicher Vereinbarung im Heft, dass du nicht mehr rauchen wirst. Naja... zumindest hast du dich ein paar Monate daran gehalten (glaube ich). Auf jeden Fall musste das Papier der Vereinbarungshefte schon sehr geduldig sein.

Ich kann mich noch sehr gut an unser Wochenende zum Thema „Füreinander sorgen und Rücksicht nehmen" erinnern. Wir hatten gerade eine Familienphase, die für uns alle sehr anstrengend war und in der jeder seinen Willen durchsetzen wollte. Ich hatte die Vorstellung, dass alle parieren mussten, wenn ich etwas sagte. Du warst oft nicht pünktlich zum Abendessen wieder zu Hause, oder dein Zimmer hatte einen 2. Teppich aus gebrauchten Kleidern, über die man steigen musste, um ans Fenster zum Lüften zu gelangen.

Ich hatte ein ganzes Wochenende in Spiel- und Workshop-Manier geplant und wir haben gemeinsam Regeln des Zusammenlebens aufgestellt. Das Ringen darum war natürlich der größte Mehrwert. Das Flipchart, auf das wir alles geschrieben hatten, hing noch einige Wochen in der Wohnung, bevor es im Arbeitszimmer verschwand. Einige der Regeln hatten uns aber ein paar Wochen oder gar Monate getragen.

Wir haben uns immer wieder gegenseitig daran erinnert.

〜

Zurück zum Wochenende: Die erste Aufgabe war eine Aufgabe, die Rücksicht und Fürsorge verdeutlichen sollte. Es galt, ein rohes Ei so einzupacken und einzuwickeln, dass es nicht zerbrechen konnte. Zur Verfügung standen Trinkhalme, Wolle, Tesafilm und Papiertaschentücher. Diese Aufgabe hast du sehr gut gemeistert – wir hätten ein Foto von dem Ei machen sollen. Eingepackt sah es eher wie ein Straußenei als wie ein Hühnerei aus. Die daran anknüpfende Aufgabe war es, das Ei des anderen das ganze Wochenende überall hin mitzunehmen, und es durfte dabei nicht kaputtgehen. Wir waren mit dem Fahrrad im Park und haben Federball gespielt; wir waren in der Stadt und wir haben eine Wanderung gemacht – immer mit Ei. Auf jeden Fall war deine Fürsorge für das Ei fast größer als die für deine Schwester. Das Ei hat das ganze Wochenende überlebt (deine Schwester auch). Am Sonntagabend gab es dann zur Belohnung Rührei.

An die Vater-Kind-Wochenenden mit Round Table Freiburg kann ich mich auch noch gut erinnern – du auch? Sicherlich ja, denn es kommt schon selten vor, dass man sich als Kind ein Wochenende lang nicht waschen, nicht die Zähne putzen oder gar Wäsche wechseln muss. Die Wanderungen und unsere Schnitzeljagd waren ebenso legendär wie die Kameltouren durch den Schwarzwald.

Einmal waren wir auf einem Kamelbauernhof zelten und haben mit den Kamelen einen Ausritt gemacht. Abends saßen immer alle um den großen Tisch. Als Licht – auf der Hütte gab es keinen elektrischen Strom – dienten uns Kerzen und Petroleumlampen. Wir sangen Lieder, spielten Klatschspiele und erzählten Geschichten von Schwarzwaldelfen und Waldwichteln. Am nächsten Tag haben wir bei den Wanderungen nach kleinen Wichteln im Unterholz Ausschau gehalten und selten welche gesehen.

Schokoladig bunt waren die Wochenenden auch. Mit dem Lagerfeuerdreck an den Händen strich sich das Nutella-Brot zum Frühstück doppelt so gut. Aber das machte ja nichts. Nach dem Schlafsack einpacken waren die Hände dann am Sonntag pünktlich zur Rückreise wieder sauber. Der Schlafsack roch schokoladig süß und zu Hause wusste Mama dann immer schon, dass die Badewanne und die Waschmaschine jetzt wieder Wunder vollbringen müssen.

∼

Mein lieber Sohn, ein Mammut kann man nicht alleine erlegen. Ich glaube, das hast du nicht nur an diesen Wochenenden gelernt. Gemeinsam haben wir schon viele tolle Sachen erlebt. Wir waren aber immer auch Teil einer Gemeinschaft. Wir waren ein Stamm und unsere Betten standen nah beieinander. Wir haben uns aufeinander verlassen und jeder musste mit anpacken.

∼

Heute weiß ich, dass wir Menschen uns nach einem Stamm, einer Gemeinschaft sehnen. Wir wollen und müssen dazugehören und ein Teil eines Ganzen sein. Tief in unserem Inneren brauchen wir keine Luxuswohnung und so manches Kind wäre froh, Mutter oder Vater würden nicht so viel Zeit aufwenden, diese zu verdienen.

Weißt du, was speziell die Jungs am meisten vermissen? Sie vermissen den mutigen und starken Häuptling des Stammes. Sie wollen einen Häuptling, einen Winnetou. Stattdessen treffen sie täglich auf Kindermädchen, Tagesmütter, Kindergärtnerinnen und Lehrerinnen. Ihre Welt ist leer von guten Männern und voll von guten Frauen, weil ihre Väter das Geld für die Luxuswohnung oder den nächsten Fünfsterneurlaub verdienen. Ich weiß, dass auch ich viel zu viel Zeit im Business verbracht habe. Aber wenn ich dich so neben mir schlafen sehe und dir diesen Brief schreibe, merke ich, dass wir doch so einiges zusammen erlebt und viele schöne Momente gemeinsam verbracht haben. Du hattest viele Möglichkeiten, neben mir auch andere tolle Männer zu erleben. Und das war sehr gut so!

Dein erziehungserfinderischer Papa

PS: Ich bin dankbar, dass du mein Sohn bist, und dass du bist, wie du bist. Ich freue mich sehr auf die Tage, Momente und Eindrücke, die ich mit dir auf unserer Reise erleben werde. Mein Sohn, ich habe dich lieb!

Geboren, um zu leben

Das Leben wird vorwärts gelebt und rückwärts verstanden.

Søren Kierkegaard, 1813-1855

Lieber Christian, mein alter Freund,

ich habe es getan! Heute schreibe ich dir aus Christchurch in Neuseeland. Ja, du liest richtig! Ich bin in Neuseeland, und zwar alleine mit Tim. Wir beide sind am Beginn einer längeren Vater-Sohn-Reise und werden die nächsten Wochen die Süd- und die Nordinsel Neuseelands bereisen.

Als wir heute Mittag hier angekommen sind, war es wie das Überschreiten einer Schwelle in eine andere Welt. Ich musste schon beim Aussteigen aus dem Flieger an dich denken. Wir kennen uns immerhin schon so viele Jahre. Weißt du noch, was du einmal über das Reisen mit dem Flugzeug gesagt hast? „Immer, wenn ich am Ende eines langen Fluges aussteige, ist es erstaunlich, dass ich gerade noch zu Hause war. Nun bin ich, wie hergebeamt, mitten in einer völlig anderen Welt."

Genau so ging es mir! Es hat wirklich etwas Magisches, hier zu sein, neuseeländischen Boden unter meinen Füßen zu spüren und zu wissen, dass es hier und jetzt wirklich losgeht.

Nach der Einreise habe ich gleich Ausschau nach dem Bustransfer zum Hotel gehalten – wir rochen beide doch etwas streng und wollten nach 34 Stunden Unterwegssein einfach nur duschen. Ich musste mich erst „kalibrieren", um die Schilder und Hinweistafeln auf Englisch zu verstehen und die erste Orientierung zu bekommen. Irgendwie blöd, dass ich den Shuttle-Pick-up vom Hotel nicht fand. Ich rannte in der Halle umher und durchstreifte die Haltebuchten und Parkplätze vor dem Flughafen. Der Flughafen wurde immer leerer und ich immer unruhiger. Zu guter Letzt fragte ich in einem der wenigen Shops am Flughafen nach. Ein freundlicher Mann meines Alters erklärte mir in bestem Schweizerdeutsch, dass ich dort an dem Telefon an der Wand den Code meines Hotels wählen muss. Eine Hoteltafel hing ebenfalls dort. Ups, dann also vielen herzlichen Dank (oder auf Maori: mihi koe). Gesagt – getan. Eine nette Frauenstimme meldete sich und sagte: „We will be there in three minutes."

Dein Sohn Niclas war ja auch schon hier und hat nach seinem Abitur ein halbes Jahr lang mit Work & Travel seine eigenen Lebenserfahrungen gemacht. Niclas hat mir vor unserer Reise ein paar Tipps gegeben. Er war ja viel mit dem Rucksack unterwegs und ist einige der bekannten Trails in Neuseeland gewandert.

〰️

Lieber Christian, weißt du noch, wie wir beide mit unseren Frauen auf einem Hausboot auf dem Rhein-Marne-Kanal unterwegs waren? Das war noch bevor wir Kinder hatten und es war unser erster gemeinsamer Urlaub. Nur wir 4 auf einem in Zeitlupe fahrenden „Wohnwagen" auf dem Wasser. Das war ein sehr schöner Urlaub in Frankreich. Ich weiß noch wie heute, wie wir beide morgens zum Brötchenholen ins nächste Dorf gelaufen sind. Mit Händen und Füßen haben wir uns verständigt und es geschafft, Croissants, Pain au Chocolat und Baguette zum Frühstück zu kaufen. Bei unserem Männerspaziergang am frühen Morgen haben wir viel gelacht –

vor allem über uns. Nach dem Frühstück waren wir bestens gestärkt und gerüstet, die nächste Schleuse konnte kommen. Überhaupt haben wir die vielen Schleusen auf dem Kanal hervorragend gemeistert. Ich bin gespannt, wie ich mit Tim die „Schleusen" hier in Neuseeland meistern werde.

∽

Lang, lang ist es her. Seit damals haben wir viel gemeinsam erlebt. Unsere großen Söhne sind beide erwachsen, haben Freundinnen, fahren Auto und stehen mit beiden Beinen im Leben. Dein Sohn Niclas macht eine Berufsausbildung zum Einzelhandelskaufmann und mein Sohn Tim beginnt im September die Ausbildung zum Industriekaufmann. Dein Sohn Jonas schreibt demnächst Abi und will Maschinenbau studieren. Deine Tochter Laura ist wie meine Tochter Leonie noch in der Schule und mitten in der Pubertät. Leider konntest du das alles nicht mehr miterleben.

Am 23. Juli 2012 bist du gestorben – das ist jetzt schon 5 Jahre her. Du wurdest gerade mal 47 Jahre alt. Deine Kinder haben einen einfühlsamen Vater und deine Frau einen wundervollen Mann verloren. Du wolltest nur noch mal kurz mit dem Fahrrad eine Runde drehen… und dann haben sie dich gefunden, am Boden liegend, die Schuhe noch in den Klickpedalen. Wie ausgeknipst – plötzlicher Hirntod.

∽

Bei unseren Reisevorbereitungen für Neuseeland musste ich oft an dich denken. Du kannst eine solche Reise, wie ich sie nun mit meinem Sohn machen darf, nicht mehr machen. Deine Söhne und deine Tochter werden dich nicht mehr um Rat fragen können. Sie werden nicht mehr mit dir träumen können und sie dürfen sich nicht mehr an deiner starken Schulter ausruhen. Du wirst deine Kinder nicht heiraten sehen und du wirst nie Großvater sein können. Bei diesen Gedanken bekomme ich Tränen in die Augen und danke Gott dafür, dass er mir und meinem Sohn die Möglichkeit dieser Reise schenkt.

Durch deinen plötzlichen Tod hast du mir ungewollt einen Spiegel vorgehalten und mir gezeigt, wie wertvoll das Leben ist. Besonders die gemeinsame Zeit mit unseren Kindern. Von einem Augenblick auf den anderen kann die Welt eine andere sein und sie müssen alleine klarkommen. Eben noch haben wir zusammen mit ihnen geredet und geschwiegen – nun bist du nicht mehr da. Gerade noch haben wir Gedanken ausgetauscht, Pläne geschmiedet und fröhlich gelacht. Nun ist da nur noch die Erinnerung an das Lachen und die gemeinsamen Gedanken – und alles wird blasser. Alles ist nur noch wie durch einen Schleier vorhanden. Wie in einem Lagerhaus irgendwo in einem weit entfernten Land.

Du warst der fröhlichste und positivste Mensch, den ich kannte. Nichts konnte dich erschüttern. Mit Gelassenheit, Humor und Zielstrebigkeit hast du stets dein Leben gelebt. Vieles war für dich klar und deutlich und ich glaube, dass du deswegen irgendwie immer im Reinen mit dir und der Welt warst. Zumindest hast du das immer für mich ausgestrahlt.

〜

Ach ja, Tim hat sich vor 2 Wochen mit deinem Sohn Jonas zum Mountainbiken im Bikepark in Albstadt getroffen. Halbe Strecke für beide – das passte gut. Die beiden haben einen Tag lang MTB-Trails geschunden, sind gejumpt, gedroppt – und was Downhiller noch so alles tun. Es ist schön zu sehen, wie sich nun auch unsere Kinder treffen, sich gut verstehen und Freunde sind.

Gerade ist mir das Lied von Glashaus „Haltet die Welt an" wieder eingefallen. Es wurde auf deiner Beerdigung gesungen und ich habe geweint wie ein Schlosshund.

Und die Welt dreht sich weiter, und so trage ich dich in meinen Gedanken bei mir und ein Teil von dir lebt damit weiter in mir. Heute und morgen und auf der Reise mit Tim.

Gute Reise, mein Freund!
Wir sehen uns wieder – nur noch nicht jetzt.
Liebe Grüße, Andi

PS: Ich kannte deine „Big-5-Liste" gar nicht.
„Big 5", das sind die 5 Dinge, die man in seinem Leben oder auf einer Reise sehen oder erleben möchte. Die Idee dabei ist es, den Erfolg damit selbst zu definieren. Toll, oder? Ich hoffe, du konntest deine „Big 5" realisieren!

Anbei meine „Big 5" für unsere Vater-Sohn-Reise:
1. Mount Cook und Queenstown erleben
2. Mit dem Schiff durch den Milford Sound fahren
3. Mit Frodo und Sam ein Bier im „Green Dragon" trinken
4. Wanderungen in die Reise einbauen, zum Beispiel auf dem Coast Track im Abel Tasman National Park
5. Tim einen tollen 18. Geburtstag in Neuseeland bereiten
   – Verlängerung –
6. Am Hot Water Beach baden
7. Bay of Islands – Delfine sehen
8. Mount Tongario / Mount Ngauruhoe – „Der Schicksalsberg" aus dem Film „Der Herr der Ringe"
9. Lake Taupo und Huka Falls
10. Weinprobe in den Marlborough Sounds

Erkenntnis des Tages

Es kommen die Tage, an denen du keine Zeit mehr haben wirst für die Dinge, die du immer schon mal sehen oder erleben wolltest. Tu sie jetzt.

Wo Altes weicht, entsteht Neues!

Mein Kopf fragte mich einmal, was mich antreibt, ständig Neues erkunden zu wollen. Da hörte ich mein Herz sagen: „Es gibt so viel Wunderbares in der Welt, das darauf wartet, dich zum Staunen zu bringen, und deine Seele berühren wird. Lass uns losziehen!"

Andreas Seltmann, *1968

Lieber Markus,

ich musste sehr lachen, über deine E-Mail mit dem Foto von unserer Abschlussklasse und über deine Einladung zum Klassentreffen. Unsere gemeinsame Schulzeit auf der Realschule ist nun schon mehr als 30 Jahre her und wir sind immer Freunde geblieben. Dafür danke ich dir. Ich weiß noch, wie du immer gesagt hast: „Zuerst mache ich Abitur, dann eine Zimmermannslehre und dann studiere ich Architektur." So hast du es auch gemacht – der Hammer, diese Klarheit. Vielleicht musste ich gerade deshalb heute an dich denken. Als Architekt hättest du hier in der Stadt einiges zu entdecken, aber auch einiges zu bewundern oder gar zu kritisieren gehabt.

Sei nicht erstaunt, wenn ich dir hier vom anderen Ende der Welt diesen Brief schreibe, denn ich bin mit Tim gerade in Christchurch auf der Südinsel Neuseelands und wir haben heute die Stadt erkundet. Du wirst dich sicherlich fragen, was wir hier machen, oder? Wir machen eine Vater-Sohn-Reise und starten in Christchurch, um von hier aus die Süd- und später dann die Nordinsel zu erkunden. Wie es dazu gekommen ist, ist eine lange Geschichte, die ich dir gerne erzähle, wenn wir wieder zu Hause sind.

Heute Morgen habe ich mich sehr auf die Stadt gefreut und war sehr gespannt, was sich verändert hat. Du weißt ja, dass ich mit einer Reisegruppe vom Serviceclub „Round Table" 2008 schon einmal hier gewesen war. Christchurch hat mir damals sehr gut gefallen.

Tim, der schon seit der 5. Klasse mit Bus und Bahn bei uns in und um Freiburg unterwegs ist, orientierte sich schnell.

Ihm war sofort klar, welche Buslinie wir nehmen mussten, um vom Hotel direkt in die Stadt zu kommen. Gut war, dass die „Yellow Line"-Buslinie direkt vor unserem Hotel vorbeifuhr und wir einfach und schnell ins City Center gelangten. Überhaupt fand ich die Idee mit den farbigen Buslinien hier in Christchurch sehr gut. Was sich schnell herausstellte und wir vorher nicht gewusst hatten: Heute war kein gewöhnlicher Dienstag.

Es war der „ANZAC Day". So habe ich dann gelernt, dass der ANZAC Day (ANZAC steht für Australian and New Zeeland Army Corps) ein nationaler Gedenktag ist.

Am 25. April 1915 war die erste Militäraktion von australischen und neuseeländischen Truppen und Soldaten aus Tonga im ersten Weltkrieg. An jeder Ecke gab es die traditionellen, aus Haferflocken und Kokosraspeln gebackenen ANZAC-Kekse[2]. Wir haben auf dem Street-Food-Markt in der Container Mall leckere Falafel gegessen, uns mit ANZAC-Keksen versorgt und alles genüsslich am Avon River gegessen. Am Ufer unter einer der vielen großen Weiden im warmen Gras zu sitzen und den vorbeifahrenden Stocherkähnen zuzusehen, war ein toller Start!

Jedoch mit einer unsäglichen Erinnerung an ein Weltgeschehen, das auch hier am anderen Ende der Welt tiefe Spuren hinterlassen hat. Immerhin sind alleine im Ersten Weltkrieg 16.302 Soldaten aus Neuseeland gefallen, 40.362 wurden verwundet und 102 sind vermisst.[3] Für einen kurzen Moment musste ich daran denken, wie viele Väter ihre Söhne und wie viele Söhne ihre Väter verloren haben.

Eigentlich kann ich mich an Orten, an denen ich schon einmal gewesen bin, immer gut orientieren. Hier in Christchurch fiel es mir jedoch sehr schwer, haben doch die beiden Erdbeben vom 22. Februar 2011 und vom 13. November 2016 das Stadtbild extrem verändert. Beim Beben 2011 wurden etwa 10.000 Häuser schwer beschädigt; leider auch die Kathedrale von Christchurch, das Wahrzeichen der Stadt. An eben dieser wollte ich mich orientieren, fand sie aber erst gar nicht und war dann zutiefst erschrocken, welche Ruine ich schließlich entdeckte. Überhaupt sieht man noch viele Häuser rund um das Stadtzentrum leer stehen. Viele Baulücken und leere Flächen fielen mir auf. Was aber ebenso auffallend war, waren die hippen und pfiffigen neuen Ecken der Stadt, wie die „Re:START Container Mall". In modern ausgebauten Containern gibt es Boutiquen, Food und Drinks in einem netten Street Food Market. Tim hat sich hier gleich pudelwohl gefühlt und die Geschäfte in der Containerstadt durchstreift. Kaufen wollten wir uns zum Beginn der Reise noch nichts und so hat Christchurch heute an uns nur an Food & Drinks verdient. Ach ja, toll fand ich auch, dass die Brachflächen für Kunstaktionen genutzt werden. So sind immer wieder mitten in der Stadt Wände mit Graffiti-Kunst gestaltet worden, die der Stadt einen modernen Charakterzug verleihen. Das würde dir gefallen!

Für mich waren hier sehr viel Aufbauenergie und Neues zu spüren. Es lag überall das Gefühl von „Wir lassen uns nicht unterkriegen" in der Luft und das begeisterte mich. Diese Zwangssymbiose aus Zerstörung und Neubeginn war für mich ein ganz besonderer Mix, den ich so vorher noch nicht gesehen hatte. Doch das alte Christchurch aus meinen Bildern von 2008 und aus meinen Gedanken vermisste ich schon. Von der High Street – einst das architektonische Highlight im Zentrum von Christchurch mit Häuserfronten aus dem 19. Jahrhundert im viktorianischen Stil – ist heute nur noch wenig übrig geblieben. Wo Altes weichen muss, entsteht Neues, dachte ich.

Wie 2 Detektive waren wir noch auf der Suche nach einer kleinen, aber feinen Straße. Ich konnte mich erinnern, dass dort die Tram durchgefahren war und links und rechts bunte kleine pittoreske Häuser standen. Und wow, auf einmal waren wir da und standen in der „New Regent Street". Sie sah immer noch genauso aus wie in meinen Erinnerungen und lud zum Flanieren ein. Wir genossen eine Tasse Darjeeling und aßen unsere ersten „Oven fresh Cookies" von Mrs. Higgins. Hmmmm… himmlisch lecker. Mein Favorit wurde vom Start weg „Raspberry & White Choc" und Tims „Double Choc Chip". Wo immer wir auf unserer Reise sein werden, wir werden in Zukunft nach Mrs. Higgins Ausschau halten.

∿

Auf dem Weg zurück zum Busbahnhof hörten wir in einer kleinen Passage Gitarrenmusik. Wir kamen näher und mir stockte der Atem. Dieses Déjà-vu erwischte mich wie ein rechter Kinnhaken. Für ein paar Sekunden stand ich still. Genau an dieser Stelle, damals vor 9 Jahren, am letzten Tag vor meinem Rückflug nach Deutschland, spielte hier ein begnadeter Straßenmusiker. Und genau heute wie damals erklang das Lied „Father & Son" von Cat

Stevens. Damals war Tim gerade in der dritten Klasse und ich war alleine hier gewesen. Nun war er fast 18 Jahre alt und stand hier neben mir. Magisch berührt und überwältigt von diesem Augenblick, rann mir eine Träne über die Wange. Der Musiker hielt für einen kurzen Moment inne, sah zu mir auf und zwinkerte mir zu.

Tim trat zu mir, um nach mir zu sehen. Er wusste nicht, wie ihm geschah, als ich ihn in den Arm nahm und sagte: „Ich freue mich riesig, mit dir gemeinsam hier zu sein und dieses Lied zu hören. Ich hab dich lieb." Er ließ es tapfer geschehen und mir war mit einem Mal klar, dass diese Reise eine besondere Zeit für uns beide werden würde. Sie hatte das Potenzial, unser Leben zu verändern.

∿

Zurück im Hotel waren wir erschlagen von unserem „Day in the City" und gleichfalls beeindruckt von einer Stadt im Neuaufbau. Wir fielen müde in unsere Betten und freuten uns darauf, morgen unseren Camper zu übernehmen, der für die nächsten Wochen unser Zuhause sein würde.

∿

Mein lieber Markus, ich glaube, Dinge, die wir uns ersehnen und die wir aus tiefstem Herzen wollen, kommen zu uns und werden geschehen. So wie du damals klar warst mit deiner Berufswahl, so bin ich klar, dass ein Vater seinen Sohn auf dem Weg in sein Mann-Sein begleiten muss. Diese Reise mit Tim ist ein Abschnitt meines Weges mit ihm und irgendwie auch gleichzeitig ein Abschluss.

Ich spüre, dass meine Aufgabe als Vater in Zukunft eine andere sein wird als in den letzten 17 Jahren.

Dein Freund seit der Schulzeit, Andreas

Erkenntnis des Tages

Wenn Altes weicht, entsteht Neues. Nichts ist stärker als die Sehnsucht deines Herzens.

Her Majesty

Die Reise gleicht einem Spiel;
es ist immer Gewinn und Verlust dabei
und meist von der unerwarteten Seite.

Johann Wolfgang von Goethe, 1749-1832

Lieber Stephan,

gerade letzte Woche haben wir uns bei einem Dram 18-jährigen Talisker Single Malt Whisky bei dir zu Hause am Kaminfeuer unterhalten, ob Väter ihren Söhnen Berater, Anführer, Vorbild, Vordenker oder vielleicht Behüter und Beschützer sein sollten.

Ich glaube mittlerweile, dass sich die Vaterrolle im Laufe eines „Vater-Sohn-Lebens", je nach Situation und Lebensstation, immer wieder ändert. Vielleicht müssen wir auch manchmal mehrere Rollen gleichzeitig ausfüllen, um unsere Vateraufgaben zu bewältigen. Ich weiß, dass auch du sehr bewusst über deine Vaterrolle nachdenkst und dir Gedanken machst, wie du diese gegenüber deinen beiden Söhnen ausfüllen kannst. Ich freue mich, dich in ein paar Wochen wiederzusehen, und werde dir für unser nächstes Kamingespräch eine Flasche neuseeländischen Whisky mitbringen. Ja, den gibt es wirklich. Ich hatte vorgestern ein Glas eines 16-jährigen „The New Zealand Oamaruvian" in Fassstärke probiert – war echt der Hammer! Den müssen wir gemeinsam trinken.

Der heutige Tag begann mit einem leckeren „Bacon & Eggs Frühstück" im Hotel. Gut gerüstet, starteten wir zurück an den Flughafen und von dort per Pick-up zur Vermietstation unseres Camper-Vermieters. Nach den Formalien und einer Einweisung wurde uns ein Mercedes Camper – eine „Old Lady" mit 237.381 Kilometern – übergeben. Der Innenausbau war robust, solide und praktisch. An das Linksfahren habe ich mich schnell gewöhnt und daran, dass ich nicht schalten musste.

Unsere ersten Kilometer mit dem neuen fahrenden Zuhause führten uns erst einmal zu einem nahe gelegenen Supermarkt, wo wir uns für die nächsten Tage mit Lebensmitteln eindeckten. Sofort wurde uns klar, dass das Brot der nächsten Wochen ausnahmslos den Namen „Toast" tragen würde…

Die Auswahl an Wurst war überschaubar und der Käse wurde hier in Kilopackungen gekauft. Gleich beim Einkaufen hatten wir uns entschlossen, die nächsten Wochen auf Tee umzustellen. So waren die Tea Times für die nächsten Tage gesichert. Getreu dem Reisemotto „when you are in Rome, you have to do like Romans do" konnte es nun losgehen. Die „Pferde gepackt", den Tank voll und Food & Drinks an Bord… so fuhren wir los. Tim übernahm als Beifahrer spontan den Job des Navigators, machte sich mit dem TomTom-Navi und der Camper-Mate-App vertraut und gab als Ziel „Twizel" ein. Ich bemerkte recht schnell, dass Tim „kürzeste Route" eingestellt hatte, denn die kleinen Seitenstraßen und „verschlungenen Pfade" Richtung Westen waren doch sehr gewöhnungsbedürftig mit dem Camper. Nach der Korrektur der Routenkriterien stand der Fahrt bei schönstem Wetter auf der Scenic Route 77 und 72 durch die Ebene von South Canterbury Richtung Southern Alps nichts mehr im Wege. Die Landschaft des „Mackenzie County" leuchtete in den schönsten Herbstfarben und das Fahren machte richtig Spaß. 2 Jungs, ein Camper, ein Abenteuer. Ab und zu klapperten das Geschirr oder die Lebensmittel im Kühlschrank. Dieser ging anfangs auch in den Kurven hin und wieder auf, und Butter, Milch & Co schnappten dabei frische Luft. Nach einer gewissen Zeit hatte Tim den Dreh raus und die Sachen fixiert.

∿

Nach ein paar (Foto-)Stopps und kleineren Pausen kamen wir am Lake Tekapo auf 710 Metern Höhe an. Es war beeindruckend, welche Ruhe der See ausstrahlte. Sein Wasser leuchtete türkisfarben im Sonnenlicht. Wir machten Halt am Ufer des Sees und gönnten uns eine Pause. Ganz in unserer Nähe erinnerte das „Collie Dog Monument", ein in Bronze gegossener Hütehund auf einem riesigen Stein, an die Bedeutung der Schafzucht in der Region. Die Sonne schien, es war warm und im See spiegelten sich die schneebedeckten Berge der Southern Alps.

Opa Herberts Jagdmesser leistete uns beste Dienste und das erste „Neuseeland-On-the-Road-Pausenvesper" mit Cheddar Cheese, Frischkäse, Schinken und Sandwichbrot war köstlich! Die Landschaft mit ihren Gelb- und Brauntönen kündigte das Ende des Herbstes an. Das Essen und der Augenblick waren mehr von entspanntem Schweigen als von Reden geprägt. Gemeinsam schweigen können ist ein schönes Geschenk. Es war ein Gefühl von Ewigkeit, von vertrauter Vater-Sohn-Zweisamkeit und von grenzenloser Freiheit.

∿

Die Sonne stand schon tief und die Nacht brach schneller herein, als ich dachte. Wir packten unser Essen ein und machten uns auf den Weg. Tim suchte in der Camper-Mate-App nach einem nahen Stellplatz für uns und unseren Camper.

Mit dem Vorsatz, schnell noch einen sicheren Campingplatz zu finden, fuhren wir beinahe am wunderschönen Lake Pukaki mit seinem traumhaften Blick auf den Mount Cook, den höchsten Berg Neuseelands, vorbei. Von einem schönen Aussichtspunkt schossen wir noch schnell ein paar Fotos von „Her Majesty" im Abendrot.

Ich war irgendwie getrieben und wollte schnell weiter, solange es noch einigermaßen hell war.

Mein Ziel: ein sicherer Campingplatz!

Mitten in meinen „Papa-sorgt-für-seinen-Sohn-Beschützer-Modus" sagte Tim auf einmal: „Lass uns einfach hierbleiben und übernachten. Wir haben im Camper doch alles dabei!"

Dieser Satz meines Sohnes war wie eine innere Vollbremsung für mich. Er hatte zwar recht, aber war es denn hier überhaupt sicher? Nur wir und die Natur und keine anderen Menschen, kein anderer Camper... So völlig ungeschützt? Was ist, wenn wir überfallen werden? Dem Beschützer in mir war gar nicht wohl zumute, ich fühlte mich wohler mit dem Gedanken, die Nacht auf einem Campingplatz zu verbringen. Ich spürte aber auch intuitiv, dass dieser Augenblick, diese Entscheidung jetzt und hier wegweisend für das ganze weitere Gelingen unserer Vater-Sohn-Reise sein würde. „Du musst loslassen – und du darfst nicht alles alleine bestimmen", sagte mir meine innere Stimme.

In dieser Sekunde wurde mir klar, dass, wenn wir weiter zusammenwachsen wollten, wir gleichberechtigt und auf Augenhöhe entscheiden mussten. Meine Zeit als Beschützer war vorbei. In diesem Augenblick, da war ich mir sicher, wurde der Erfolg unserer Reise entschieden. Es war der Augenblick der Wahrheit, der Augenhöhe, der Vater-Sohn-Partnerschaft.

„Okay", sagte ich, „wir bleiben hier und suchen uns einen schönen Übernachtungsplatz direkt am See."

Tim strahlte, gab mir ein „High five" und ich schaukelte den Camper zu einem Platz hinter einem kleinen Pinienwald, wo wir einen ebenen „Stellplatz" fanden. Ich rangierte noch etwas hin und her, stellte den Motor ab und war auf einmal meinem Sohn sehr dankbar – und mit mir zufrieden.

Was soll ich dir, lieber Stephan, sagen? Es war ein absolut genialer Abend. Wir hatten freie Sicht auf den Mount Cook.

In unsere Winterjacken eingepackt, aßen wir unsere ersten Spaghetti mit Käsesoße und tranken unser erstes „Camperbier" aus der Flasche. Und das alles vor der Kulisse der schneebedeckten Southern Alps…

∿

Vom Sonnenuntergang vor der Landschaft „Ihrer Majestät" – des Mount Cook – waren wir einfach nur tief beeindruckt und stießen auf diesen tollen Abend an, hier am anderen Ende der Welt. Tatsächlich wurde es dann auch sehr früh dunkel. Was aber hier draußen im Outback besonders beeindruckend war, waren die Sterne, die bis auf den Boden reichten. Zum ersten Mal auf dieser Reise war es dann auch am Nachthimmel der Südhalbkugel erkennbar: das Kreuz des Südens.

Beeindruckend schön – und für mich das Zeichen in der Nacht, dass ich in Neuseeland angekommen war. Dieses Mal zusammen mit meinem Sohn – it's a kind of magic!

Bis bald, mein lieber Freund,
ich wünsche dir eine tolle Zeit @home mit deinen Söhnen.

Liebe Grüße, Andreas

PS: Ich habe heute Nacht gefroren wie ein Schneider. Als wir die in Folie eingeschweißten Decken für die erste Nacht im Camper herausnahmen, stellten wir fest, dass wir nur eine große Decke, dafür aber 2 Leintücher hatten. Am Ende trug ich neben meiner langen Skiunterwäsche noch einen Pulli und meine Winterjacke als Decke über mir. Morgen müssen wir unbedingt irgendwo einen Schlafsack oder eine weitere Decke auftreiben.

PPS: So nach und nach kamen immer mehr Camper und stellten sich mit gebührendem Abstand neben uns und hinter uns. Wir waren die Mutigen und sie folgten uns.

Erkenntnis des Tages

Entdecke durch die Ungezwungenheit deines Sohnes deine eigene „Leichtigkeit des Seins" wieder neu.
Lerne, dass die Dinge auch gut werden können, wenn sie nicht so laufen, wie du sie geplant hast.
Vertraue und behandle deinen Sohn gleichberechtigt und auf Augenhöhe.

Über richtige und falsche Freundinnen

Sechzehn Jahre ein Sohn, dann ein Freund.

Aus Indien

Liebe Nicole,

es war, wie wenn ein Luftballon explodiert und mit einem Schlag die Luft entweicht. Übrig bleibt nur die Erinnerung, wie voll und rund der Ballon einmal war. Irgendwie haben wir uns damals, nachdem wir uns getrennt haben, extrem schnell aus den Augen verloren. Heute weiß ich nicht, wo du wohnst, wie es dir geht und ob du vielleicht auch Kinder hast, so wie ich. Der Grund, wieso ich ausgerechnet heute an dich denken musste, war mein Sohn. Er erzählte mir, wie es ihm ergangen war, als seine erste Freundin mit ihm Schluss gemacht hatte. Die beiden beschlossen, „Freunde zu bleiben".

Du ahnst vielleicht, dass es genau dieser Satz gewesen war, der mir bekannt vorkam. Genau so wollten wir das auch machen. Erinnerst du dich? Wir wollten damals, mit 17, auch „Freunde bleiben".

Dass es anders kommen würde, war uns beiden dann schnell klar. Was der Satz aber geleistet hat, war, uns zu versöhnen. Ich spüre noch heute, dass immer noch etwas von dir in meinen Gedanken wohnt und unsere gemeinsame Zeit auch sehr viele schöne

Seiten hatte. Ich bin gerade alleine mit meinem 17-jährigen Sohn Tim in einem Camper in Neuseeland unterwegs.

Wir hatten heute während der langen Fahrt ein intensives Gespräch über „richtige und falsche Freundinnen".

Stopp! Du warst natürlich keine falsche, sondern meine erste richtige Freundin. Aber alles der Reihe nach…

∽

Heute Morgen sind wir gegen 7 Uhr in unserem Camper aufgewacht und haben am Lake Pukaki vor der traumhaften Kulisse des wolkenfreien Mount Cook an unserem 2er-Campingtisch gefrühstückt. Das Müsli mit Apfel und Rosinen schmeckte lecker und der „Good Morning Tea" tat das, was von ihm erwartet wurde: Er wärmte uns nach einer durchfrorenen Nacht erst einmal auf.

Es war ein besonderes Licht an diesem Morgen. Die gegenüberliegenden Berge waren in ein leuchtendes Rostbraun getaucht und der See kräuselte sich so, dass seine Oberfläche aussah wie ein Kettenhemd. Die ersten Wolken, die den Sprung von der Westküste über die Berge geschafft hatten, tauchten auf und ließen ein türkisblaues Band am Horizont entstehen. Durch diesen wolkenfreien Gürtel stach immer wieder die Sonne hindurch und ließ Teile des anderen Ufers in hellem Licht erscheinen. Ich bedankte mich still beim Universum für dieses Schauspiel in sämtlichen Farben des jungen Morgens.

Gut gestärkt, packten wir unsere „Siebensachen", verstauten die Vorräte sicher und gaben unser Tagesziel Queenstown in unser Navi ein. Der Diesel schüttelte sich ordentlich, als er nach dieser sternenklaren kalten Nacht seinen Dienst antreten musste. So machten wir uns gegen 9:30 Uhr auf den Weg durch Canterbury und Central Otago. Wir blickten uns noch einmal um, verabschiedeten uns von dem 3.724 Meter hohen Aoraki, besser bekannt unter dem Namen „Mount Cook", und freuten uns, ihn in ein paar Tagen von der Westküste aus wieder zu sehen.

∽

Irgendwie sind wir nach kurzer Zeit bereits auf das Thema Freundinnen zu sprechen gekommen. Ich glaube, der Anlass war, dass Tim am Abend vor unserer Abreise die Nacht mit einem Mädchen durchgemacht hatte und wir darüber gesprochen hatten. Tim dachte, wenn er die Nacht vorher nicht schläft, könnte er im Flugzeug gut schlafen.

„Muss ich mir den Namen des Mädchens merken?"

Tim antwortete: „Vielleicht ... Wir wissen es noch nicht."

Das Gespräch war eröffnet und ich erfuhr von meinem Sohn, dass er Wert auf Treue, Ehrlichkeit und Verlässlichkeit legt. Als er das so sagte, wurde mir klar, dass er viele Werte, die ich und meine Frau leben, übernommen hat, sie in seinen Beziehungen anstrebt und sucht. Das war für mich eine neue Erkenntnis. Es erfüllte mich irgendwie mit Stolz. Nicht, dass mein Sohn so sein muss wie ich, aber ich denke, dass diese Werte echte und gute Wurzeln sind.

Wir schwiegen eine Weile und fuhren durch das schön gelegene Lindis Valley in Richtung Lindis Pass. Die Landschaft war hier weit und hatte etwas von einer Prärie. Das breite Tal war mit einem Teppich aus trockenem Gras überzogen und vereinzelt blickten grüne Weideflächen durch.

Der Himmel war mit der „großen Wolke" bedeckt – wir waren ja schließlich in Aotearoa, was auf Maori „das Land der langen weißen Wolke" bedeutet. Immer wieder schaffte es die Sonne, die Wolkendecke zu durchbrechen. Gedankenversunken ließ ich meinen Blick über die Landschaft mit ihrer magischen Stimmung schweifen. Die Form der grasbewachsenen Hügel, die dahinziehenden grauen Wolken und die wenigen Straßen erinnerten mich an die schottischen Highlands und ich dachte, Neuseeland ist eben „Die Welt auf 2 Inseln". Bei diesem Anblick von Licht und Schatten musste ich erneut an dich, meine erste richtige Freundin, denken.

Damals war ich so alt wie Tim heute. Ich hatte mit dir „Schluss gemacht" und dir damals mit diesem Schritt sehr wehgetan. Ich sah, dass es oft eine einseitige Sache ist, wenn der eine das Gefühl hat, dass es gemeinsam nicht mehr weitergeht.

Heute hoffe ich, dass du daran gewachsen bist und es dir gut geht. Ist doch eine eigenartige Sache… wieso wünsche ich mir heute, dass es dir gut geht? Wir haben uns doch seit 30 Jahren aus den Augen verloren und sind heute ganz andere Menschen als damals. Vielleicht will ich mich auf diese Art mit dir versöhnen und mich bei dir entschuldigen. Vielleicht ist es aber auch die späte Wertschätzung der Erfahrung, die du mich gelehrt hast: Die erste Freundin, die erste Liebe hinterlässt in unserer Gefühlswelt einen nachhaltigen Eindruck. Das Besondere an der ersten Liebe ist unumstößlich ihre Erstmaligkeit.

Der erste Kuss, der erste Sex, das erste Mal „ich liebe dich" sagen – das erleben wir eben nur ein einziges Mal zum ersten Mal. Und ich habe es mit dir erlebt.

〜〜〜

Wie sehr Tim in der Zeit, als seine erste Freundin mit ihm „Schluss gemacht hat", wirklich unter Liebeskummer litt, kann ich gar nicht genau sagen. Ich kann mich aber erinnern, dass er auffällig ruhig war. Er hat viel Zeit zusammen mit seinem Freund verbracht. Ich habe zwar immer wieder versucht, einen Zugang zu ihm zu bekommen, aber er ist mir ausgewichen. Er versicherte mir aber, dass er mit seinem besten Freund sehr gut über seinen Kummer sprechen kann. Wie gut, dass er jemanden zum Reden hatte. Das beruhigte mich damals sehr.

Während ich so über unsere erste Liebe nachdachte, erreichten wir den Lindis Pass und legten einen kleinen Fotostopp ein. Anschließend fuhren wir weiter auf der SH6 durch die Canyons des Clutha und des Kawarau River. Die Strecke war landschaftlich wirklich spektakulär und wir genossen unsere Art zu reisen.

Der nächste Halt war ein Pflicht-Stopp an der historischen „Kawarau Suspension Bridge". Als Herr der Ringe-Fan war ich tief beeindruckt von dem Blick in den Kawarau-Canyon.

Es war, als ob die Gefährten jeden Moment auf ihren Holzbooten um die Flussbiegung kommen und die Argonath, die Abbilder der Könige Elendil und Isildur, sie mit ausgestreckter Hand grüßen.

„Das hier ist 100 Prozent Mittelerde!", sagte ich zu Tim.

„... und wir sind mittendrin", antwortete er.

∾

Bei unserem „Männerbier am Abend" auf dem Campingplatz in Queenstown kam unser Gespräch noch einmal auf das Thema „erste Freundin" und Tim sagte zu mir: „Papa, Anna war am Anfang unserer Beziehung ganz anders als am Ende. Irgendwie interessierte sie sich auf einmal nur noch für andere Sachen und nicht mehr für mich. Das hat mich angestrengt und echt runtergezogen."

Ich antwortete: „Menschen entwickeln sich mit allem, was sie erleben, allem, was sie nicht erleben und was sie sich erträumen, ständig weiter. Dabei entwickeln sie sich unterschiedlich, manchmal sogar so sehr in gegensätzliche Richtungen, dass sie nur noch die Vergangenheit gemeinsam haben."

Tim überlegte.

„Wie ist das bei dir und Mama? Habt ihr euch unterschiedlich weiterentwickelt?"

Ich schaute vom Camper auf die vom Mondlicht beleuchteten „Remarkables[4]" und antwortete: „Manchmal ja und manchmal nein. Ich glaube, unsere Beziehung ist wie eine 3-spurige Straße: Es gibt einen Mittelstreifen und eine eigene Spur für jeden. Auf dem Mittelstreifen fahren wir oft sehr lange und gemeinsam. Manchmal ist man aber auch eine Weile nur auf seinem eigenen Fahrstreifen unterwegs. Wir sind immer nur so weit auseinander unterwegs, dass wir uns gegenseitig nicht aus den Augen verlieren."

„Das ist ein schönes Bild", sagte Tim und dann fragte er mich: „Woran erkennt man ‚richtige' oder ‚falsche' Freundinnen?"

Das war natürlich die Gretchenfrage schlechthin, und ich wollte mir nicht anmaßen, als Oberlehrer in Lebens- und Beziehungsfragen oder als Doktor Sommer aus der Zeitschrift Bravo aufzutreten.

Also versuchte ich als Freund zu antworten und sagte: „Wenn sich deine Freundin nicht gemeinsam mit dir freuen kann, wenn sie ständig ihren Willen durchsetzen will, wenn sie andauernd an dir herummeckert, wird sie dich runterziehen. Du verdienst es aber, dich großartig zu fühlen und dich gemeinsam mit einem Menschen, den du lieb hast, an schönen Dingen zu freuen!"

Tim sagte: „Heißt das, dass falsche Freundinnen nicht wollen, dass ich glücklicher, erfolgreicher oder auf irgendeine Art besser bin als sie selbst?"

Beeindruckt von den Worten meines Sohnes antwortete ich: „Ja, falsche Freundinnen wollen, dass du NUR auf ihre Art die Welt siehst und auf ihre Art glücklich bist. Wenn eine Freundin sich so verhält und dich verbiegen will, ist sie in meinen Augen keine richtige Freundin." Wir schwiegen eine ganze Weile. Es war schon dunkel, als wir uns zuprosteten und den letzten Schluck Bier in unseren Flaschen leerten, um ins Bett zu gehen.

Wow, war das ein intensiver Reise- und Gesprächstag! Tim sagte noch, bevor er einschlief: „Papa, das war ein sehr schöner Tag – gute Nacht."

Ich selbst lag noch lange wach und dachte über meine aktuellen und vergangenen Beziehungen nach. Ist es nicht so, dass Partnerschaften, Freundschaften und auch meine Vater-Sohn-Beziehung ständig im Wandel sind? Und dass, je älter wir werden, die Qualitäten von Beziehungen immer wichtiger werden? Wachsen Partnerschaften und Vertrauen nicht am besten langsam und durch gemeinsame Erlebnisse? Sind nicht Beziehungen, die sehr schnell und intensiv sind, auch oft schnell und intensiv wieder zu Ende?

Mach's gut, Niki, wo immer du gerade bist.

Liebe Grüße, dein erster (Ex-)Freund

PS: Den Steh-Blues auf „The Power of Love" von Celine Dion, in der Stadthalle beim Jahresball der Tanzschule, habe ich bis heute nicht vergessen – das war magisch.

Erkenntnis des Tages
Seelenverwandtschaft ist, wenn du als Vater mit deinem Sohn die gleichen Werte teilst.
Beziehungsqualität ist, wenn du Lebenszeit mit Menschen verbringst, denen du wertvoll bist und die dir guttun!

Bestellung an das Universum

Ein Vater muss lernen, das Handeln seiner Söhne zu akzeptieren, und zwar nicht gemessen an seinen Wünschen, sondern an deren Möglichkeiten.

Voltaire, 1694-1778

Liebes Universum,

ich schreibe heute tatsächlich einen Brief an dich und kann es gerade kaum glauben. Viele Internetseiten und Menschen schwärmen in den höchsten Tönen davon, wie zuverlässig du Bestellungen erfüllst. Ich will dir jedoch keine Bestell- oder Wunschliste schicken, sondern einfach nur diesen Brief hier „hochbeamen". Ein Brief, so quasi von Vater zu Übervater, oder von Staubkorn zu Urknall.

~~~

Heute war ein schöner Spätherbsttag hier auf der Südinsel Neuseelands. Tim und ich haben Queenstown und die umliegende Gegend erkundet. Wir waren mit der „Skyline Gondola" auf „Bob's Peak" und hatten einen supertollen Blick über Queenstown, die Bergkette der Remarkables und den Lake Wakatipu. Der tiefblau schimmernde See erstreckte sich fast bis zum Horizont und die umliegenden Berge umrahmten ihn malerisch. Die vorbeiziehenden Wolken warfen ihre Schatten auf die Berge und die Grillen zirpten im Gras. Die Stadt schmiegte sich mit ihren flachen Häusern unter uns entlang des Ufers und ein Wegweiser, der die großen Städte dieser Welt nannte und deren Richtungen anzeigte, erweckte unsere Aufmerksamkeit. Mit weißer Schrift auf grünem Grund zeigten seine Schilder uns, wo wir uns befanden. Zum Südpol waren es 4.998 Kilometer, zum Nordpol 15.003 Kilometer und nach London 18.946 Kilometer.

Wie du ja sicher weißt, liebes Universum, sind wir beide gerade mittendrin in einer spannenden Reise, die für dich wahrscheinlich deutlich weniger als eine Femtosekunde dauert, für uns aber 4 Wochen geht. Ich sitze an unserem kleinen Campingtisch und es wehen allerlei Düfte aus den Camping-Kochtöpfen dieser Welt zu mir herüber. Tim surft im Internet und ich muss daran denken, wie es eigentlich dazu gekommen ist, dass wir beide nun hier am anderen Ende der Welt eine Vater-Sohn-Auszeit verbringen.

Wenn du so auf mich herabblickst, wirst du wahrscheinlich sagen: „Das habe ich kommen sehen. Deine regelmäßigen Besuche beim Schuldirektor, weil Tim das ‚Gegenstrom- und Minimalprinzip' gelebt hat, waren eindeutige Vorboten."

Okay, liebes Universum, du hast recht, aber alles der Reihe nach ...

∿

Wir haben Tim in der 5. Klasse alleine mit dem Zug nach Freiburg fahren lassen – und ich weiß noch, wie er strahlte. Er fühlte sich mit seiner Regiokarte wie ein 18-Jähriger mit dem gerade bestandenen Führerschein.

Obwohl sein Handeln und seine Interessen für uns nicht immer nachvollziehbar waren, wollten wir ihm diese Freiheit geben und ihm unser vollstes Vertrauen schenken. Wir wollten Rückgrat, Hafen und Ermöglicher sein. Manche Lehrer behaupteten, dass er mit seiner Smartness, durch die ihm niemand lange böse sein konnte, durch seine Schulzeit gekommen war.

Da sein Frühwarnsystem sehr unterentwickelt, um nicht zu sagen, nicht vorhanden war, hatte er einfach oft „den Schuss nicht gehört". Wie sich das äußerte? Ganz einfach: Immer, wenn es eine letzte Ermahnung seitens des Lehrers gab, hat Tim noch „eins draufgesetzt". Das führte dazu, dass Claudi und ich die letzten 3 Schuljahre regelmäßig bei der Schulleitung saßen, um die nächsten Schritte zu diskutieren.

∽

Unter uns, liebes Universum, kann ich dir ja verraten, dass ich regelmäßig emotionale Achterbahnfahrten, bestehend aus Wut, Versagensangst, Mitleid und Kampfeslust für und gegen das Schulsystem und für und gegen meinen Sohn durchlebt habe. Du ahnst also, wie froh ich war, als er mit einem mittelprächtigen Notenschnitt die Mittlere Reife in der Tasche hatte und dann auch aus eigenem Antrieb beschloss, das 2-jährige kaufmännische Berufskolleg zu belegen. Ich war der Überzeugung, dass jetzt, da er für sich selbst entschieden hatte, wie es weitergehen sollte, auch der Knoten geplatzt sei. Vielleicht hätte ich dir damals schon schreiben sollen, denn du erfüllst ja Wünsche, wie es heißt…

Rückwärts betrachtet, hatte ich eine Menge Wünsche (oder soll ich besser sagen: Wahnvorstellungen?). Als Vater und Manager projizierte ich unausgesprochen eine kometenhafte Karriere auf meinen Sohn. Meine Fantasie ging regelrecht mit mir durch. Ich sah ihn schon studieren und die Karriereleiter in einem namhaften Weltunternehmen erklimmen.

Dass Tim sich in unserer Stadt im Jugendgemeinderat engagierte, den Vorsitz der Katholischen Jugendgemeinschaft KJG übernahm, aktiv Handball spielte und noch nebenher jobbte, war für mich ein gutes Zeichen. Ich freute mich, dass er bereit war, auch gesellschaftliche und soziale Verantwortung zu übernehmen. Natürlich waren die vielen Aktivitäten und Ämter immer wieder Thema in der Familie – er wirkte aber nie abgekämpft oder gestresst. Er hat, so sehe ich es jetzt, in diesem außerschulischen Engagement Energie und Bestätigung bekommen, die ihm Lehrer und Schule nicht gegeben haben. Ach ja, Tim hatte dann auch seine erste Freundin. Ich weiß noch, wie sie eines Morgens vor der Tür stand (beziehungsweise in unserem Badezimmer). Alles schien seinen Gang zu nehmen. Schule gut, Freundin gut, soziales Engagement gut. Alles sah danach aus, dass unser Aufzuchtprinzip „konsequente Freilandhaltung" aufging und wir unserem Sohn Verantwortung für die Gesellschaft und für sein eigenes Handeln beigebracht hatten. Mit dem Vertrauen im Herzen, dass Tim nichts „Falsches" anstellen würde, war es dann auch nicht schlimm für uns, nicht immer zu wissen, wo er steckte.

Allein vom Rauchen konnte ich ihn damals nicht abbringen.

Die Art meines Sohnes zu lernen, ist gegen jegliche Vernunft. Das Lernprinzip von Tim ist dir, liebes Universum, sicherlich sehr gut bekannt.

Ich nenne es „Trial-and-Error" oder auch „Lernen durch Schmerzen". So ganz konnte ich das als Vater nie nachempfinden, da ich eher von der Fraktion „Lernen durch Erkenntnis" bin. Aber Tim blieb sich und seinem Prinzip zu lernen bisher stets treu.

Mit dem Ende des ersten Schuljahres ging dann die Bewerbungsphase für eine Berufsausbildung los. Tim ging seinen Weg weiter und bewarb sich für kaufmännische Berufe wie Industrie- und Einzelhandelskaufmann. Zuerst bewarb er sich nur bei Unternehmen in der näheren Umgebung. Doch die Lust kam mit dem Essen und er recherchierte, wurde mutig und bewarb sich auch für duale Studiengänge bei Hugo Boss in Metzingen, bei Daimler in Stuttgart und bei BMW in München.

Am Ende entschied sich Tim für eine Berufsausbildung zum Industriekaufmann bei einem Unternehmen hier in der Region.

Er hat sich diese Chance ganz allein erkämpft und sich damit seine nächste Weiche gestellt. Ich bin stolz auf ihn!

∼∼

Liebes Universum, wenn ich nun hier so sitze, dir schreibe und mir die Umstände anschaue, wieso wir eigentlich hier sind, weiß ich immer noch nicht so recht, ob ich mich freuen oder heulen soll. Ich weiß noch genau, als Tim mir beim sonntäglichen Abendessen eröffnet hat, dass er ab Montag nicht mehr zur Schule gehen darf. Sein Notenschnitt im Halbjahreszeugnis in den Hauptfächern sei zu schlecht, erklärte er mir. 2 Jahre Schule ohne Abschluss standen plötzlich übermächtig in der Tür. Ich bin aus allen Wolken gefallen und war sprachlos. Diesen rechten Haken habe ich nicht kommen sehen und er traf mich mit voller Wucht. „Knock-out" in der 2. Runde.

Zurückblickend hatte es mit einem tragischen Herzinfarkt seines Klassen- und Lieblingslehrers begonnen. Ab diesem Zeitpunkt waren wichtige Stunden ausgefallen. Es wurde eine „Pseudovertretung" organisiert, die von Anfang an mit der Situation überfordert war. Tim war auf einmal nicht mehr aufmerksam genug, konnte den Lehrer nicht leiden und ging auf Konfrontation. Es zeigte sich wieder einmal, dass sein Frühwarnsystem nicht vorhanden war. So tauchte die erste 5 in Mathe recht schnell auf der Bildfläche auf.

Die Lage wurde noch dramatischer, als Tim immer wieder von starker Migräne geplagt wurde. Mit einem monströsen Kopfweh hatte er sich in der Schule krankgemeldet, um den Tag in völliger Dunkelheit schlafend in seinem Zimmer zu verbringen. Blöd nur, wenn die Migräne ihn an Tagen erwischte, an denen Klassenarbeiten geschrieben wurden – und das passierte einige Male. Tim wurde vom Vertretungslehrer zum „Drückeberger" abgestempelt. Der Lehrer suchte leider kein Gespräch mit uns. Stattdessen wurden die Nachschreibetermine immer willkürlicher mit der Begründung „Ich darf nachschreiben lassen, wann ich es will" angesetzt.

Eines Tages dann zog der besagte Vertretungslehrer eine Klassenarbeit, die Tim am kommenden Montag hätte nachschreiben sollen, spontan auf den vorhergehenden Freitag vor. Tim konnte die 5 in Mathe im Halbjahreszeugnis mit keiner anderen Hauptfachnote ausgleichen.

Was wir dann erlebten, gab uns den Rest: Dieses Schulsystem schützt, wenn es drauf ankommt, vor allem sich selbst. Jeder Lehrer deckt den anderen.

Wir lernten eine uneinsichtige, ignorante und intolerante Schulleitung kennen, die nicht bereit war, 5 Minuten der entscheidenden Notenkonferenz auf den Fall meines Sohnes zu verwenden. Und es hat mich persönlich betroffen gemacht, dass weder Lehrer noch Schulleitung eigene Verfehlungen eingeräumt haben. Eine Entschuldigung wurde nie ausgesprochen. Ohne mit der Wimper zu zucken und ohne den Menschen hinter dem Schüler sehen zu wollen, wurde die Zukunft eines Jugendlichen einfach mit Füßen getreten – Beamtendienst nach Paragrafen und Vorschriften! Niedergeschlagen wie lange nicht mehr in meinem Leben, verließ ich das Schulgelände. Wir hatten uns zwar noch juristisch beraten lassen, aber es war nichts mehr zu machen. Ich musste mich dem Schicksal fügen und mich mit dem „Aus" abfinden.

Nach einer Woche Tränen und Wut haben wir die neue Herausforderung angenommen. Es war Tim selbst, der mich aus dem Jammertal herausholte. Er hatte sie trotz oder gerade wegen seiner

Lage nicht verloren, seine jugendliche Lebensenergie, seine Fähigkeit, die Chance in der Krise zu erkennen. Er fing sofort an, in der Gastronomie zu jobben, und legte sich nicht auf die faule Haut – das begeisterte mich. Er machte seine Führerscheinprüfung und ergatterte sich einen Ferienjob bei einem ortsansässigen Unternehmen. Irgendwie hat ihn dieser Zaunpfahl zwar voll am Kopf getroffen, aber offenbar auch herausgefordert und beflügelt.

Mir war es jetzt wichtig, die Zusage seines künftigen Ausbildungsbetriebes zu sichern, und so hatten wir bald einen Termin mit der Personalleiterin. Diesen Termin, das Vertrauen, das meinem Sohn dort entgegengebracht wurde, und die starken Worte dieser tollen Frau werde ich nie in meinem Leben vergessen: „Wir haben uns für dich als Mensch entschieden und halten natürlich an unserem Angebot fest. Einmal ist keinmal – aber in der Ausbildung darf das nicht vorkommen!"

Die Gewissheit, dass Tim seinen Weg machen würde, war Balsam für meine Seele.

Ich kann mich noch gut erinnern, dass sich auf dem Nachhauseweg die Wolken über unserem Hausberg, dem Kandel, gerade verzogen hatten und die Sonne hervortrat. Es fühlte sich an wie ein Omen. Die Zeit der dunklen Wolken war vorbei und die Sonne hatte wieder Kraft.

An diesem Abend stöberte ich in unserem Bücherregal. Ich suchte ein ganz bestimmtes Buch, das mich vor Jahren bereits begeistert hatte. Es war: „Unser allerbestes Jahr" von David Gilmour. In diesem Buch schaut David, der Vater, gemeinsam mit seinem Sohn Jesse, der nicht mehr in die Schule gehen möchte, 3 Filme pro Woche an. Durch das gemeinsame „Kinoerlebnis" zu Hause auf dem Sofa haben die beiden eine Menge Zeit zum Reden miteinander. Sie führen Gespräche über das Leben, die Liebe, Familie und darüber, was es heißt, füreinander da zu sein. Das Buch ist eine sehr schöne und wahre Geschichte über eine ungewöhnliche Vater-Sohn-Zeit.

Auf einmal spürte ich „den Ruf des Abenteuers" in mir. Ich hatte Schmetterlinge im Bauch und sah glasklar, was du, liebes Universum, auch ohne Bestellung, damals für mich bestimmt hast. Es war nicht die Niederlage im Kampf um den Schulabschluss – es war der Aufruf, Zeit mit meinem Sohn zu verbringen. Du hast mir eine einmalige Lebenschance auf dem Silbertablett präsentiert – eine Chance, die es so in meinem, in unserem Leben kein 2. Mal geben wird. Ich hatte quasi über Nacht die unglaubliche Gelegenheit, gemeinsame Lebenszeit mit meinem 17-jährigen Sohn zu verbringen.

∼

Die Idee einer Vater-Sohn-Auszeit war zwar in meinem Herzen geboren, aber in meinem Kopf noch lange nicht angekommen. Ich begann, trotz aller Klarheit, die ich vorher gespürt hatte, zu zweifeln: Tim wollte doch sicherlich nicht mit seinem „alten Herrn" wochenlang alleine durch die Welt reisen … und in der Firma … ich konnte doch nicht einfach so eine Auszeit nehmen! Wer sollte mich denn in dieser Zeit vertreten? Wer meine wichtigen Projekte weiterführen? Meine Frau und meine Tochter wären die ganze Zeit alleine zu Hause, und wir würden uns lange nicht sehen.

Fragen über Fragen tauchten auf, und der Mann und Manager in mir hatte keine Antworten. So weigerte ich mich mehr und mehr, meinem Herzen zu folgen, und mein Kopf gewann die Überhand. Die Idee der Vater-Sohn-Auszeit verblasste, bis ich eines Abends über den Bücherstapel neben unserem Lesesessel stolperte und das Buch von David Gilmour über den Boden purzelte. Dieses

Mal war es wie ein Wink mit dem Zaunpfahl. Ich beneidete diesen Vater um seine Zeit mit seinem Sohn und ich bewunderte ihn für seinen Mut und seine originelle Idee. Mit diesem Mix aus Bewunderung und Neid kamen meine Ideen und meine Kraft zurück. Ich beschloss an diesem Abend, auf dem Teppich in unserem Wohnzimmer, diese einmalige Chance anzugehen und meinen Sohn zu fragen, ob er Lust hätte, mit mir Zeit zu verbringen.

Aus dieser Idee wurde Wirklichkeit. Nun sind wir beide gemeinsam seit ein paar Tagen on tour, hier in Aotearoa, in Neuseeland.

Liebes Universum, große Teile von dir sind bis heute unerforscht und andere geben Rätsel auf. Du bist voller Geheimnisse. Aber vielleicht hast du ja meinen unausgesprochenen Wunsch (oder war es doch eine Bestellung an dich?) gehört und mir diese Zeit mit meinem Sohn hier geschenkt.

Auf jeden Fall vielen Dank und viele Grüße von einem „Staubkorn in deiner unendlichen Welt",

Andreas

Erkenntnis des Tages
Glaube an dich und die Kraft deiner Vaterliebe! Denn nach Dunkelheit kommt Licht und in jeder Krise steckt auch eine Chance. Vielleicht sogar DIE CHANCE deines Lebens!

Männerspaß mit Speed und Beef

Es gibt viele Väter, die Kinder haben,
aber nur wenige Kinder, die Väter haben.

Francis De Croisset, 1877–1937

Liebe Round Tabler[5] und Old Tabler[6] zu Hause,

ich erinnere mich noch ganz genau, wie wir unser erstes Vater-Kind-Wochenende am Mathisleweiher in Hinterzarten gemacht haben. Die Altenvogtshütte, in der wir übernachtet haben, mussten wir uns erst erwandern. Wir hatten jeder einen Rucksack dabei, die Hände voll mit Essen, Bier und Kuscheltieren. Unsere Kinder haben die Zeit mit uns, mit Lagerfeuer, mit Versteckspielen im Wald und mit Würstle grillen in vollen Zügen genossen – und wir natürlich auch.

Wie einige von euch ja sicherlich wissen, bin ich gerade mit meinem Sohn auf einer Vater-Sohn-Auszeit in Neuseeland. Das ist quasi wie Vater-Kind-Wochenende, nur krasser. Heute hatten wir einen grandiosen Männertag, von dem ich euch unbedingt erzählen muss.

Wir sind gerade in Queenstown auf der Südinsel von Neuseeland unterwegs. Queenstown ist das Outdoor–Eldorado von Neuseeland und genauso haben wir den Tag heute auch verbracht. Morgens haben wir bei frischen 12 °C outdoor gefrühstückt und hatten einen tollen Blick auf die umliegenden Berge: die Remarkables (euch wahrscheinlich besser bekannt aus dem Film „Herr der Ringe" als die Schwarzen Berge von Mordor).

Die Wolken zogen schnell vorbei und das Landschaftskino mit seinem Spiel aus Licht und Schatten, den „New Zeeland fifty Shades of Green", bot uns eine tolle Morgenvorstellung.

∿

Heute stand ein Ausflug nach Glenorchy und Paradise an (schön, das Paradies bereits zu Lebzeiten kennenzulernen).

Genauer gesagt, hatten wir eine „Dart River Safari" gebucht. Wir fuhren mit einem Kleinbus des Reiseveranstalters entlang des Lake Wakatipu nach Glenorchy. Dort warteten schon die Jetboote auf uns. Diese Boote rasen mit 70 bis 80 Kilometern pro Stunde mit minimalem Tiefgang über den Fluss und machen riesig Spaß.

Schon die Fahrt zum Ausgangspunkt der Safari war spannend und sehr unterhaltsam. Unser Fahrer Matthew war ein echter Kiwi mit viel neuseeländischem Humor. Von ihm und dieser Tour stammt das Wort „New Zeeland Speed Bumpers" (er meinte damit die platt gefahrenen Opossums). Wir hielten hier und da an schönen Aussichtspunkten an und konnten tolle Bilder vom Lake Wakatipu und dem prominent hervorstechenden 2.819 Meter hohen Mount Earnslaw schießen. Diesem markanten Berg sollten wir heute noch sehr nah kommen.

Wir steuerten weiter auf der 25 Kilometer langen Uferstraße Richtung Glenorchy auf den Mount Aspiring National Park zu und erreichten unseren Ausgangspunkt der Safari. Hier bekamen wir eine Einweisung, wurden mit passenden Jacken und Hosen ausgestattet und in Gruppen aufgeteilt. Die anschließende kurzweilige Four-Wheel-Drive-Bustour führte uns nun vorbei an dem mystisch anmutenden Buchenwald von Lothlórien aus der „Herr der Ringe Trilogie" nach Paradise.

In Paradise wurden sehr viele bekannte Filme gedreht – unter anderem Szenen aus dem „Herr der Ringe", „Der Hobbit", „Wolverine" oder auch eine Milka-Werbung.

Jungs, ich kann euch sagen, wenn ich hier mittendrin in der Natur stehe und den Blick schweifen lasse, fühle ich mich wie ein wirklicher Teil von Tolkins Welt, von Mittelerde.

∾

Als Matthew uns erklärte: „Look at that direction and you will see the tower of Saruman and behind me, you see Beorn's house", war ich gespannt, wann die ersten Elfen, Orks oder Ents auftauchen würden.

Auch Tim war beeindruckt. Ich sah das Staunen in seinen Augen, als unsere Blicke sich trafen.

Den Abschluss unserer kleinen Bus-Rundreise machte ein Waldstück, das wir durchwanderten, um am Ende die Jetboote zu besteigen. In dem 800 Jahre alten Wald mit seinen Bäumen, Moosen und Farnen war Mittelerde dann noch einmal sehr präsent. Einige Bäume hatten wirklich Nasen und Augen. Mit ihren knorrigen „Ausbeulungen" und Ästen sahen sie tatsächlich aus wie Ents, die Baum-Hirten aus „Herr der Ringe". Nach einem Selfie mit „Baumbart" verabschiedeten wir uns von Matthew, unserem „smart and funny driver", und wurden auf die Jetboote verteilt. Tim und ich saßen vorne direkt rechts vom Fahrer und waren gespannt, was uns nun erwarten würde. Und… was soll ich euch sagen? Es war der Wahnsinn!

∾

Unser Pilot Tommy begrüßte uns und erzählte, dass der Fluss wegen des Regens am Vortag ausreichend Wasser hätte. So viel, dass wir ziemlich weit den Dart River hinauffahren könnten.

Fahren ist auch schon das Stichwort. Eigentlich müsste ich fliegen sagen, denn Jetboote sind Wasserfahrzeuge, die statt von einer Schiffsschraube durch Wasserstrahlantriebe angetrieben und gelenkt werden. Sie sind sehr wendig und manövrierfähig und können dank ihrer Konstruktion problemlos Zonen geringer Wassertiefe durchfahren. Für die Techniker unter euch... Jetboote haben Umkehrklappen, mit denen man einen Bremsschub zum Abbremsen des Bootes oder zur Rückwärtsfahrt erzeugen kann. Gute 50 Minuten dauerte der „Ride" in das Herz des Mount Aspiring National Parks und zurück. Die Kombination aus rasanter Jetbootfahrt und atemberaubender Natur ließ uns beide staunen. Oft kreuzte sich unser Blick und wir lachten uns mit begeisterten Augen zu. Gegen Ende der Fahrt war unser Pilot voll in seinem Element und die erhobene Hand mit dem gestreckten, kreisenden Zeigefinger zeigte es an. Es war so weit: Tommy nahm Anlauf und bei gutem Speed haute er den Umkehrschub rein, was das Boot zum „Kreiseln" brachte, und wir vollzogen eine 360°-Drehung– geil! Das machten wir dann noch ein paarmal! Ich kann euch sagen, DAS war richtig Fun!

∿

Am Bootssteg des Jetboot-Centers angekommen, waren wir immer noch voll Adrenalin und sofort der Überzeugung, dass dieser Tag berechtigt auf unserer „Big-5-Liste" stand.

∿

Die Fahrt zurück nach Queenstown war kurzweilig und Tim und ich besprachen die Wahl unseres Abendessens. Dass wir heute nicht wieder kochen, sondern essen gehen wollten, hatten wir schnell entschieden. Tim hatte einen Bärenhunger und schlug vor, einen Fergburger zu essen. Ich stimmte ohne lange zu überlegen zu, denn die dort zubereitete „Fleischeinlage" konnten wir heute schon auf den nahe gelegenen Weiden live und lebend begutachten. Und Männer – ihr versteht das ja, nichts geht über ein zartes einheimisches Rindfleisch in Form eines Beef-Burgers. Am Gourmet Hamburger Restaurant angekommen, reihten wir uns in eine erstaunlich lange Menschenschlange ein und nutzten die Wartezeit, unseren Burger auszusuchen. Unsere Wahl fiel auf den „BIG AL". Und jetzt festhalten… auf dem Burger waren: 2 Stück ¾ Pfund prime New Zeeland beef, Speck, Käse, 2 Eier, Rote Bete, Salat, Zwiebeln und etwas Knoblauch.

Also Jungs, wenn ihr mal in Queenstown seid, das ist eine Top-Adresse für Grill & Chill.

Für uns beide war dieser Tag auf jeden Fall ein unvergessenes Vater-Sohn-Erlebnis im Herzen der Outdoor-Hauptstadt Neuseelands am kristallklaren Lake Wakatipu.

∼

Abends saßen wir noch im Camper, blickten auf die beeindruckende Alpenszenerie und wussten, warum diese Stadt ihren Namen trägt! Queenstown ist echt die „Outdoor-Fun-Queen-of-the-Towns". Man muss den Trubel aber auch mögen!

Wir planten die nächsten Tage unserer Tour, hörten zusammen noch etwas Musik und schwangen uns dann in unsere Kojen.

∼

Ach ja, die Geschichte mit den Decken muss ich euch noch erzählen: Die ersten Tage waren wirklich kalt im Camper und wir hatten nur eine „durchgängige Decke", also eine Decke für beide. So richtig eng kuscheln wollten wir aber dann doch nicht und teilten uns die „Zudeckmöglichkeiten" auf. Ich hatte 2 Leintücher und eine dünne Decke und schlief mit langer Skiunterwäsche und ab und zu mit Softshelljacke. Tim hatte die „Familiendecke" und war damit ganz gut versorgt. So richtig wohl fühlte er sich aber auch nicht und ich spürte, dass er sich Sorgen um mich machte.

Heute Morgen sagte er dann zu mir: „Papa, ich will nicht, dass du nachts frieren musst! Wir kaufen eine Decke."

Ich musste ihn spontan in die Arme nehmen und es freute mich, dass er sich um mich sorgte. Wärme durchströmte mich. Es ist ein schönes Gefühl, wenn man als Vater spürt, dass man wichtig ist für seinen Sohn und dieser spürt, was man braucht.

„Das machen wir auf jeden Fall", antwortete ich gerührt.

Tim hatte herausgefunden, dass es in Queenstown einen Stützpunkt unseres Camper-Verleihers gab. Er bestellte per Internet eine zusätzliche Decke und diese holten wir dann auch gleich ab. „No problem" war es, kostenlos noch weitere Decken zu bekommen. So waren wir dann gerüstet, um noch weiter in den Süden durchzustarten. Denn je weiter man in Neuseeland in den Süden kommt, desto kälter wird es. Ist ja auch klar, Kilometer für Kilometer bist du näher am Südpol.

~~~

Gerade sitze ich noch hier im Bett, in meine warme Decke eingepackt, und schreibe mein Reisetagebuch und euch diesen Brief. Ich wünsche euch zu Hause gebliebenen Vätern eine gute Zeit. Vielleicht konnte ich euch ein paar Impulse von unserem Vater-Sohn-Speed-&-Beef-Event hier am anderen Ende der Welt mitgeben.

~~~

Liebe Freunde, ihr seid Manager, Geschäftsführer und viele von euch auch schon Väter. Lasst die Arbeit manchmal Arbeit sein und nutzt die Zeit mit euren Kindern. Denn gemeinsam erlebte Emotionen schweißen zusammen und das kann euch niemand mehr nehmen. Und – by the way – sie bereichern euer Leben ungemein!

Es muss ja nicht immer „Speed & Beef" am anderen Ende der Welt sein (aber geil ist das schon).

Liebe Grüße und yit (yours in Table)[7],
Andi

PS: Die Vater-Kind Wochenenden müsst ihr unbedingt beibehalten. An diesen Tagen haben zum einen die Mütter auch einmal „kinderfrei" und eure Söhne haben die Möglichkeit, auch andere Männer zu erleben. Egal ob beim Kochen, beim Feuermachen, bei der Schnitzeljagd, beim Liedersingen am Lagerfeuer oder beim Geschichtenvorlesen. Durch diese gemeinsame Zeit bekommen eure Kinder Impulse, was sie an anderen Vätern gut oder weniger gut finden. Also „keep on going", es lohnt sich!

> *Erkenntnis des Tages*
> Ein einmaliges Vater-Sohn-Erlebnis ist immer eine gute Investition in eure Zukunft. Der „Return on Invest" sind Glücksmomente und Gefühle, die euch euer Leben lang tragen.
>
> Wenn sich dein Sohn um dich sorgt, dann zeigt er dir dadurch seine Liebe. Sei stolz und dankbar und sage ihm das auch.

Unbekannte Verbündete

*Es sind die Begegnungen mit Menschen,
die das Leben lebenswert machen.*

Guy de Maupassant, 1850-1893

Hallo Oli,

ich sitze hier gerade in Te Anau, Tim ist noch mal in den Waschraum, um sich die Zähne zu putzen, da musste ich an euch denken. Wir beide kennen uns nun seit unserer Studienzeit in Konstanz und ich habe dir noch nie gesagt, dass ich dich und deine Frau wirklich sehr bewundere. Ich finde es echt stark und beeindruckend, wie ihr euer Leben lebt und welche Freude, Selbstsicherheit und Zufriedenheit ihr ausstrahlt. Wie geht es eurer Tochter? Wie verlief ihre Herzoperation? Die wievielte ist das gewesen? Sag ihr bitte Grüße von uns! Sie ist echt ein ganz tapferes und tolles Mädchen – ihr könnt stolz auf sie sein.

Hey, mein Freund, wenn ich zurück bin, müssen wir uns unbedingt mal wieder treffen. Vielleicht können wir ja zusammen mit unseren Töchtern einen „Vater-Tochter-Tag" machen. Ich hätte mal wieder Lust, zu einem Heimspiel des SC Freiburg zu gehen. Das gefällt unseren Mädels auch. Den SC-Song „Tief im Süden iisch unsr Platz…" und das „Badnerlied" kennen die beiden ja von früheren Besuchen im Stadion sicherlich noch auswendig.

Ach ja, apropos zurück... Ich bin gerade mit Tim ein paar Wochen in Neuseeland unterwegs. Heute sind wir von Queenstown nach Te Anau gefahren und morgen wollen wir ins Fjordland – dem „Land of the thousand Waterfalls". Die Fahrt nach Te Anau war eine kürzere Etappe und wir erlebten eher einen Ruhe- als einen Fahrtag. Ich konnte die tolle Landschaft um uns herum intensiv wahrnehmen.

Wir fuhren wieder auf dem „Highway Number 6" entlang des s-förmigen Lake Wakatipu, des zweitgrößten Sees der Südinsel. Rechts lag der See und links erhob sich die Bergkette der Remarkables – das sah einfach atemberaubend aus. Immer, wenn ich langsamer wurde, musste Tim lachen und sagte: „Ooooh – wooooounderfuuul lookout."

Diese Worte werden uns wohl noch lange begleiten. Wir hatten sie am Vortag von einer asiatischen Reisegruppe aufgeschnappt. In gewohnter Manier hatten die Asiaten, vermutlich Chinesen, sich in Queenstown am Schiffsanleger „Streamer Wharf" vor dem auf Hochglanz polierten Dampfschiff der „MSS Earnslaw" aufgebaut und mich gebeten, ein Foto von ihnen zu machen. Das habe ich natürlich gerne gemacht. Auf jeden Fall war bei der Gruppe eine besonders quirlige Dame dabei, die immer wieder lautstark rief: „Oooooohhh – woooooounderfuuul lookout". Die Dame hatte diese 3 Worte so oft in einem China-Englisch-Singsang ausgesprochen, dass ich schnell das Foto machen musste, bevor ich einen Lachanfall bekam.

Auf jeden Fall machten wir heute mehr Fotostopps als sonst und so entstanden tolle und imposante Herbstbilder. Die „Große lange weiße Wolke" und Weiden voller Schafe begleiteten uns an diesem sonnigen Tag auf unserem Weg ins Fjordland. In Neuseeland Schafe zu sehen, ist keine Kunst, kommen doch 10.433 Schafe auf 1.000 Einwohner. Im Vergleich sind es in Deutschland nur 34.[8] Die Schafe, die wir heute sahen, waren allesamt noch nicht geschoren, trugen ein volles und dickes Fell und waren sehr fotoscheu. Aber bei der Menge wäre es verwunderlich gewesen, kein Schaf vor die Linse zu bekommen. Als wir auf einem Parkplatz Pause machten, begegneten wir einem Farmer, der gerade das Gatter zu seiner Weide öffnete. Wir unterhielten uns ein wenig mit ihm. Er erzählte uns, dass seine beiden Söhne gerade mit dem Quad unterwegs waren, um die Herde zusammenzutreiben. Die Tiere sollten am kommenden Tag geschoren werden. Er fragte uns mit einem breiten Grinsen im Gesicht: „What do sheep like to play in the casinos?"

„No idea", sagte ich.

Der Farmer lachte und antwortete: "Woollette".

Wir lachten und er erzählte gleich noch einen Witz: „Do you know my sheep's favourite painting?"

Das wusste ich natürlich auch nicht.

Er antwortete: „The Mona Fleesa."

Unsere erste Bekanntschaft mit dem neuseeländischen Humor war der Brüller. Immer noch lachend verabschiedeten wir uns und Joe gab uns noch ein paar Insidertipps für die Gegend mit auf den Weg. Wir checkten sehr früh auf dem Campingplatz in Te Anau ein und bekamen einen sehr schönen Standplatz. Überhaupt war der Campground direkt am gleichnamigen Lake sehr schön gelegen und top in Schuss. Wir reservierten uns einen „Hot Tub" für den Abend und freuten uns schon auf relaxen und chillen im warmen Sprudelwasser, mit Blick auf die Berge des „Fjordland National Park" und den See.

Nun mussten wir nur noch einkaufen und die Fahrt zum Milford Sound für morgen buchen. Wir hatten beschlossen, die 120 Kilometer hin und zurück nicht selbst zu fahren, sondern uns einer Tour anzuschließen. Wir buchten die 2 Stunden dauernde „Nature Cruise" von „Southern Discoveries". Mit den Tickets in der Tasche gingen wir noch etwas am Lake Te Anau entlang und Tim stöberte im Reiseführer. Plötzlich sprang er auf und sagte: „Papa, von hier aus kann man mit dem Schiff eine Glühwürmchenhöhle auf der anderen Seeseite besichtigen. Das will ich unbedingt heute noch machen!"

Auf Glühwürmchen hatte ich keine Lust und so brach ein kleiner Streit vom Zaun. Das Resultat war, dass Tim zustimmte, lieber das kleine Städtchen zu erkunden und schon einmal ein schönes Restaurant für seinen morgigen 18. Geburtstag zu finden.

Mit den Einkaufstüten schickte ich Tim dann erst mal zum Camper. Ich wollte noch ein paar „geheime Dinge" einkaufen, um ihn morgen mit einem tollen Geburtstagsfrühstück zu überraschen. Ich fand einen knallgrünen Kiwisaft, frische Eier, Champignons und einen oven-fresh Erdbeer-Muffin mit weißer Schokolade.

Mit einer nicht wirklich leckeren Tiefkühlpizza im Bauch schlenderten wir mit einem Six-Pack Macks Sassy Red (Amber Ale) in Richtung Hot Tub und genossen das sprudelnde warme Wasser. Echt chillig, so am anderen Ende der Welt mit seinem Sohn am letzten Tag vor seinem 18. Geburtstag in einem „warmen Wasserbottich" zu sitzen, neuseeländisches „Männerbier" zu trinken und über „Gott und die Welt" zu philosophieren.

∼

Die Nacht war dann richtig kalt. Ich schlief, trotz guter Decke, mit Mütze und Wollsocken. Es hatte zum ersten Mal geschneit und die umliegenden Berge hatten ein weißes Mützchen auf. Heute war der 30. April 2017 – Tims 18. Geburtstag. Ich stellte mir den Wecker und stand vor ihm auf, um in der Küche des Campingplatzes sein Geburtstagsfrühstück zuzubereiten. Es gab Rührei mit Schinken, Pilzen, Kräutern und Käse. Dazu Toastbrot, Frischkäse, Himbeermarmelade, Tee und knallgrünen Kiwisaft (der übrigens sehr gut schmeckte). Ich stellte den Muffin auf seinen Teller und drapierte die Kerze darauf, die ich von zu Hause mitgebracht hatte. Auch die Geburtstagsbriefe von seiner Mutter und seiner Schwester stellte ich neben Teller und Tasse, sodass es, wie ich fand, ein ganz toller (und voller) Frühstückstisch war. So saßen wir beide hier, am Morgen des 18. Geburtstags meines Sohnes, nahmen uns in die Arme und genossen ein „New-Zeeland-Birthday-Breakfast German Style". Die Sonne brach für einen kurzen Moment durch die dichte Wolkendecke und schien auf unseren Tisch.

Happy birthday, Tim!

Beim Lesen der Briefe sah ich, wie der junge Erwachsene Tränen in den Augen hatte und an seine Mutter und seine Schwester dachte. Er hat zwar nichts gesagt, aber ich wusste, er hätte in diesem Augenblick am liebsten seine Mutter und seine Schwester in den Arm genommen.

Es wurde ruhig im Raum und Tim durchbrach die Stille mit zwei wunderschönen Worten: „Danke, Papa."

Dieses Frühstück war ein besonderer Moment in meinem, in unserem Leben. Es wird sicherlich noch viele „Geburtstagsfrühstücke" geben, aber der 18. Geburtstag ist kein Geburtstag wie jeder andere. Er ist das Tor in die Welt der Erwachsenen. Diesen Tag an einem solchen Ort zu beginnen, war für mich sehr berührend und intensiv.

Die Wolken hingen tief, es war ziemlich frisch draußen und es nieselte, als wir uns um 11:30 Uhr zum Treffpunkt zur „Nature Cruise" von „Southern Discoveries" aufmachten, um unseren Bus nach Milford Sound zu besteigen. Henry, ein älterer Herr, begrüßte uns mit den Worten „Haere mai, guys – very welcome to my last tour this season to Milford."

Was sich schnell herausstellte: Der 30. April war der letzte Tag der Sommersaison, denn ab dem 1. Mai galt der Winterfahrplan.

Die Straße nach Milford führte uns durch weite Tussock-Ebenen[9] und entlang von Südbuchenwäldern durch das wunderschöne Eglinton Valley zu den Mirror Lakes. Da das Wetter an diesem Tag nicht so toll war, waren die Spiegelungen in den kleinen „Moorseen" nicht sehr ausgeprägt. Auf der „Milford Road", die übrigens erst 1952 fertiggestellt wurde, ging es weiter. Die Strecke verlief jetzt deutlich kurviger. Mein Reiseführer verriet mir, dass diese Straße zu den schönsten Bergstraßen der Welt gehört, und ich wusste dann auch gleich, warum. Mit einem Mal waren wir mittendrin im Herzen des Fjordlands. Nach dem Durchqueren des Homer Tunnels erwartete uns ein atemberaubender Blick in eine Landschaft von Bergen, Wasserfällen, Schluchten und Tälern. Wir stoppten noch an den Stromschnellen des Cleddau River, die „The Chasm" genannt werden. Tim und ich gingen mit schnellen Schritten den nur wenige 100 Meter langen Rundweg quer durch tiefsten Tropenwald. Unter uns und neben uns bahnten sich die Stromschnellen tosend ihren Weg durch das Gestein. Wir beide wollten aber schnell zurück zum Bus und weiter zum Milford Sound.

∿

Keine Viertelstunde später erreichten wir dann Milford Sound. Und... was soll ich dir sagen? Die Wolkendecke riss pünktlich zu unserer Ankunft um 15 Uhr auf. Die Sonne kam heraus und tauchte den Milford Sound in ein glänzendes Licht. Im kräuselnden Wasser des Fjords spiegelten sich die Sonnenstrahlen wie Millionen von Perlen. Aus dem Regenwald rechts vom Bootsanleger stieg Dunst auf und der 1.692 Meter hohe Mitre Peak streckte seinen dem Matterhorn gleichen Gipfel in den blauen Nachmittagshimmel. Es war wie ein Geburtstagsgeschenk des Himmels an Tim. Ein unvergessenes Erlebnis und eine wundervolle Lichtstimmung der Fjordlandschaft. Tim spürte es auch und strahlte.

Die Fahrt auf dem Wasser führte uns entlang der steil abfallenden Fjordberge. Immer wieder passierten wir Wasserfälle, an denen zahllose Regenbögen leuchteten. Beeindruckend waren die 151 Meter hohen „Sterling Falls", an die unser Captain ganz nah heranfuhr. Es dämmerte schon, als wir noch Fellrobben auf dem nahen „Seal Rock" erblicken konnten (die sind da immer – zur Freude der vorbeikommenden Touristen).

∿

Tim sprach die ganze Schifffahrt über nicht sehr viel, und so war mir nicht wirklich klar, wie es ihm ging und was ihn beschäftigte. Hier und da warf ich einen unbemerkten Blick auf ihn und hatte den Eindruck, dass er über diesen Tag und über sein Leben nachdachte. Er sah dabei irgendwie zufrieden aus. Ich kenne selbst diese „Momente der Harmonie". Es sind die Momente, in denen man mit dem Rhythmus des Lebens und seinem eigenen Rhythmus völlig im Einklang ist. Tim hatte einen solchen Moment an seinem 18. Geburtstag hier in Milford Sound. Als ich ihn fragte, wie es ihm geht, antwortete er: „Ich bin einfach nur happy und genieße." Ein schönes Gefühl, seinen Sohn glücklich zu sehen, oder?

∿

Zurück am Schiffsanleger, bestiegen wir unseren knallroten Bus der „Southern Discoveries". Henry startete auch gleich durch. Inzwischen war es dunkel geworden und die Landschaft um uns herum verschwand im Schwarz der Nacht. Die Fahrt zurück nach Te Anau war sehr still und alle verarbeiteten ihre Eindrücke des Tages. Irgendwie war ich stolz, dass es so ein gelungener Tag gewesen war und dass Tim sicher noch in 50 Jahren wissen würde, wo und mit wem er seinen 18. Geburtstag verbracht hat. Außerdem wussten wir jetzt, wieso der Fiordland National Park im Südwesten der Insel seit 1990 zum Weltnaturerbe der UNESCO zählt. Es ist wirklich ein großartiger und einzigartiger Ort. Lieber Oli, alter Freund, es würde dir hier auch gefallen – das weiß ich!

∼

Ich hatte uns einen Tisch im Restaurant „Kepler" reserviert. Wir wurden gleich sehr freundlich und nett von Maria empfangen. Bei der Reservierung hatte ich erwähnt, dass Tim heute seinen 18. Geburtstag feiert – und so war der Tisch liebevoll mit „Happy-birthday-Dekoration" gedeckt. Tim bestellte Seafood Pasta mit Lachs und Frischkäse, Tintenfisch, Green Lipped Mussels und Scampi. Ich hatte „Venison Medaillons" mit Gemüsegratin, Pilzen, Grilltomate und Salat. Das Essen war sehr gut und ein überaus gelungener Abschluss eines ganz tollen Tages. Aber was soll ich dir sagen? Es wurde noch besser.

Die Teller wurden abgedeckt und ich überlegte schon zu zahlen, da wurde das Licht gedimmt und ein Mädchen spazierte mit einem kleinen bunten Kuchen mit einer brennenden Kerze darauf zu Tim. Sie sang Happy Birthday. Im Restaurant war außer uns noch eine weitere Gruppe, mit etwa 10 Personen, die allesamt aufstanden und mit einstimmten. Hinzu gesellten sich das Küchen- und das Serviceteam und alle sangen für meinen Sohn.

Wir waren die letzten Gäste, die sich an diesem Abend von Maria und ihrem Team verabschiedeten. Ich dankte ihr aus vollem

Herzen, dass sie meinem Jungen diesen schönen Abend geschenkt hatte. Das war wirklich ein „Touching Soul"-Tag.

Dein Freund Andi

Erkenntnis des Tages
„Vater-Sohn-Touching-Soul-Moments" schaffen eine extrem starke und tiefe innere Verbundenheit.

Schwesterliebe

Suche stets nach der Stimmigkeit in deinem Leben und habe den Mut, Menschen, die dir nicht guttun, loszulassen.

Andreas Seltmann, *1968

E-Mail an Leonie
Betreff: Gestern haben wir Robben gesehen

Guten Morgen, meine liebe Tochter,

ich bin heute Morgen schon sehr früh wach geworden und konnte nicht mehr einschlafen. Tim ratzt noch tief neben mir in unserem Campervan und ich nutze die Zeit, um dir auf deine liebe E-Mail von gestern zu antworten. Als ich die Mail gelesen habe, hatte ich dein Gesicht vor Augen, wie du über Mamas Laptop sitzt, die E-Mail schreibst und sie mit einem Grinsen und Freude im Herzen auf die Reise schickst. Ich konnte mir ein Lachen kaum verkneifen und hätte beinahe den „Bär im Winterschlaf" neben mir geweckt.

Dein Bruder und ich waren gestern am Milford Sound und ich musste dort auch ganz oft an dich denken. Wieso? Natürlich wegen eben dieser E-Mail. Deine gesammelten Informationen zu Neuseelands Tierwelt brachten mich echt zum Schmunzeln. Nun weiß ich endlich, dass es in Kaikura Pottwale zu sehen gibt (laut deiner Recherche sind sie die größten Zahnwale und werden bis zu 15

Meter lang). Du schreibst außerdem, dass es auf Taiaroa Head bei Dunedin weltweit die einzige Brutkolonie von Königsalbatrossen auf dem Festland gibt und dass die Otago Halbinsel berühmt ist für ihre Kolonie des Gelbaugenpinguins, dem seltensten Pinguin der Welt mit nur 20.000 überlebenden Exemplaren.

Als Tim aufwachte und ich ihm deine Nachricht zeigte, murmelte er verschlafen: „DAS ist meine kleine Schwester! So kenn ich sie!… Sie fehlt mir!"

Schön, wie einfühlsam du an uns gedacht hast. Zwar haben wir in Milford keine Wale oder Pinguine, aber dafür Robben und die Flosse eines Delfins gesehen.

∿

Meine Große… du bist nun 14 Jahre alt und ein selbstbewusster Teenager. Du stehst mit beiden Beinen fest im Leben und ich bin stolz auf meine Tochter, der es immer wieder gelingt, mich mit ihrer Kreativität, ihrer Konsequenz und mit ihrer „Zickigkeit" zu überraschen. Ich weiß noch, als du dich mit 13 Jahren zusammen mit deiner Freundin entschlossen hast, Vegetarierin zu werden und es bis heute durchgezogen hast. Für diese Beharrlichkeit und Konsequenz hast du meinen ganzen Respekt – toll! Ich erinnere mich aber auch an zickige Momente, wie damals, als wir mit unseren Fahrrädern eine 3-tägige Radtour gemacht haben und du bei jedem noch so kleinen Berg gemotzt und geschnaubt hast wie die Dampflok Emma aus Jim Knopf. In solchen Momenten bist du nicht leicht zu ertragen, aber du musst wissen, dass ich dich mit all deinen Ecken und Kanten, genauso wie du bist, sehr lieb habe!

∿

Ist irgendwie schon der Hammer, dass Tim und ich nun hier am anderen Ende der Welt unterwegs sind und du mit Mama alleine zu Hause bist – das hatten wir so noch nie. Weißt du noch, was du mir bei unserem letzten Gespräch am Abend vor unserer Abreise ins Ohr geflüstert hast? Du hast mich in den Arm genommen und mir gesagt: „Du, Papa, ich finde das echt cool, was ihr da macht, und ich freue mich für euch! Tim kann Abstand von dem Stress mit der Schule nehmen und du Abstand vom Stress in der Arbeit bekommen."

Ich war gerührt, mit welcher Empathie du auf unsere Reise reagiert hast. Es gab mir aber auch einen kleinen Stich ins Herz, weil ihr beide nicht dabei seid. Als ich dich fragte, wie es dir damit geht und ob du darüber sehr traurig bist, meintest du ganz erwachsen: „Ich bin so ‚fifty-fifty' – es ist schön, und auch komisch, so lange ganz alleine mit Mama zu sein."

Wir sprachen noch eine ganze Weile und ich war erstaunt, was alles im Kopf einer 14-Jährigen vorgeht. Da waren neben sorgenvollen Gedanken, wie „Was ist, wenn euch etwas passiert, so weit weg von zu Hause?" oder „Ich muss mich nun um Mama kümmern, sie macht sich sonst zu viele Sorgen um euch", auch ganz viele Gedanken der Freude. Ich erinnere mich gerade daran, dass du mir sagtest: „Wenn ich dann 18 werde, will ich auch so eine Reise mit Mama unternehmen – nur wir beide... so quasi eine Mutter-Tochter-Auszeit." Ihr beide könnt nun schon einmal üben. Natürlich ist ein Trainingslager für Daheimgebliebene anders als in echt auf Reisen zu sein, aber ein guter Reality-Workshop ist es allemal, oder?

∿

Tim krabbelt gerade aus seiner Decke hervor und beginnt unser Frühstück zu richten. Ich geh ihm gleich mal zur Hand und da ich weiß, dass du dich immer auf unsere Bilder und die Storys aus dem Land der langen weißen Wolke freust, werde ich dir nach unserem Frühstück noch ein paar Fotos von gestern schicken. Tauche gerne ein in die Welt, in der wir uns gerade bewegen, denn ich glaube, tief in dir spürst du es auch, oder?

Das Fernweh, die Sehnsucht nach Neuseeland, nach dem Land, das du bisher nur aus dem Internet, deinen Vorträgen in der Schule und von meinen Fotos und Erzählungen kennst…

Gestern hatte Tim ja Geburtstag und ich habe ihm dein Geschenk und deinen Brief gleich morgens auf seinen Geburtstagtisch gelegt. Er hat sich wirklich sehr über die selbst gemachte „3-D-Klappkarte" gefreut. Während er sie las, rann deinem großen erwachsenen Bruder eine Träne die Wange runter. Er hat es nicht gesagt, aber ich habe gespürt, dass er dich in diesem Moment am liebsten in den Arm genommen hätte!

Das ist Schwesterliebe, dachte ich und war ein stolzer und glücklicher Vater. Euch über diese Distanz vereint zu sehen, war ein sehr schönes Gefühl.

So – und nun aufstehen und frühstücken – hier geht gleich der Tag für uns los. Bei euch wird es bald Nacht, denn wir sind euch einen Tag voraus – gute Nacht, Leonie!

Hab dich liiiiieeeeeb,

Dein Papa

#BH-Zaun

Eine Reise mit deinem Sohn ist ein Trunk aus der Quelle des Lebens. Sie stillt deinen Durst und den Durst deines Sohnes.

Andreas Seltmann frei nach Christian Friedrich Hebbel, 1813-1863

Analoger Eintrag in mein Reisetagebuch.

An alle Digital Natives,

#sogehtgeilezeit. Ich schreibe euch heute als Vertreter der sogenannten #generationx[10] oder auch „Generation Golf" genannt, der gerade mit seinem Sohn (ein Vertreter der #generationz) durch Neuseeland fährt und echt krasse Sachen checkt. Wir cruisen im Camper durch die Gegend und erleben eine echt fette „mixed-generation-time" miteinander. Bevor ich erzähle, was wir auf unserer Reise heute so erlebt haben, will ich euch erst einmal durchbeamen, was mich als Generation X so kennzeichnet. #vertrauensbildendemaßnahme.

∿

Wir Vertreter der Generation X haben uns in unserer Kindheit mit echten Menschen nachmittags nach der Schule auf dem Bolzplatz getroffen. Jacken wurden zu Torpfosten, Tore und Elfmeterpunkt wurden mit Schritten abgemessen. Teams wurden gewählt und jedes Mal anders zusammengestellt. Jeder durfte mitspielen und musste sein Bestes geben. Wer das nicht konnte, dem wurde deutlich gesagt, dass er eine Flasche ist. Er lernte schnell, mit seinen Niederlagen umzugehen. Unsere Telefone waren moosgrün oder knallorange, hatten Kabel und standen an einem zentralen Ort im Hausgang. Und jetzt kommt der Hammer, die Dinger hatten Wählscheiben und nur einen Klingelton! Die Nummer, die wir anrufen wollten, kannten wir auswendig oder suchten diese in einem Telefonbuch aus Papier. Offline, sozusagen. Unsere Kindheit haben wir ohne Computer erlebt und wir wurden erst im Erwachsenenalter Zeuge des technologischen Wandels von analog zu digital. Mein erstes Speichermedium war eine 5,25 Zoll Floppy Disk mit 720 Kilobyte maximale Speicherkapazität, das sind 0,00072 GB.

Das war eine geile Zeit. Warum? Weil mein Vater mir beigebracht hat, wie man lange Strecken taucht oder ein Feuer macht, ohne dass es raucht. Wie man eine Grillwurst über dem Feuer brät, ohne dass sie schwarz wird. Wie man sein Fahrrad repariert, die Kette entrostet und Löcher im Fahrradschlauch flickt. Wie man eine Lautsprecheranlage im Auto installiert und wie man krumme Nägel wieder gerade bekommt. Mein Vater war da und ich mit ihm zusammen. Nicht immer, aber sehr oft. Essen gab es bei uns immer um 6 Uhr abends und bei meinem Freund zu Hause wurde bei jeder Mahlzeit noch ein Tischgebet gesprochen, um Gott für das „tägliche Brot" zu danken. Es war nicht besser oder schlechter – es war ANDERS. Für mich war es langsamer, ehrlicher und persönlicher. Ich erzähle euch das, weil ihr über diese Dinge im Zusammenleben und im Zusammenarbeiten mit uns Bescheid wissen solltet. Denn wir reden lieber mit Menschen, anstatt endlose E-Mails zu schreiben. Wir vereinbaren uns per Handschlag, halten uns an Vereinbarungen und sind stolz darauf, was wir mit unseren eigenen Händen erschaffen haben.

Okay, nun aber genug von mir. Nun zu meinem „Bro" hier auf der Reise. Tim, mein 18-jähriger Sohn, ist ein Vertreter eurer Generation, der Generation Z – also der nach 1996 Geborenen. Sein Leben wurde von einem rasanten technologischen Fortschritt geprägt, und so wie ich die letzte analoge Generation bin, ist er die erste digitale Generation, ein sogenannter „Digital Native". In einer nicht digitalen Welt würde er sich schlecht zurechtfinden. Social Media nimmt einen beträchtlichen Anteil in seinem Leben ein, und Arbeit soll aus seiner Sicht vor allem Sinn und Spaß machen.

∽

Diese beiden Generationen X und Z reisen also am anderen Ende der Welt in einem Camper durch Neuseeland und fahren gerade von Te Anau Richtung Westküste.

Heute redeten wir viel miteinander und stellten fest, dass wir gemeinsame, aber auch völlig unterschiedliche Kompetenzen und Fähigkeiten haben. Und genau das macht unsere Reise interessant! Bei uns sieht das ganz pragmatisch so aus, dass Tim sich schnell zum Navigator in unserem 2er-Team entwickelte und die beiden wichtigen und essenziellen Reise-Apps „CamperMate" und „TOMTOM Navigation" exzellent in allen Untermenüs und Settings beherrscht. Ich hingegen trage mit meiner Orientierung, Übersicht und dem mitgebrachten Offline-Kartenmaterial zur idealen Tages- und Reiseplanung bei.

∽

Mein Navigator entschied sich heute für die kurvige, aber sehr schöne und lohnende Abkürzung auf dem Highway 89 über Cardrona nach Wanaka. In dem kleinen Städtchen Cardrona angekommen, hatte ich den Eindruck, dass der Goldrausch noch nicht allzu lange her war, denn das Tal machte einen sehr verträumten und abgeschiedenen Eindruck. Das neue „Gold", das hier hergestellt wird, heißt Whisky und Gin. Ein tolles Ensemble an Gebäuden der „Cardrona Distillery" ist hier entstanden, das sich wunderbar mit seiner grauen Steinarchitektur in die Landschaft einfügt.

Blauer Himmel, den schneebedeckten Gipfel des 1.934 Meter hohen Mount Cardrona im Hintergrund und die Destille im Vordergrund... was für ein Anblick. Da fehlte nur noch ein „Dram of Whisky"[11]. Was wir von dem freundlichen Personal aber sogleich erfuhren, war, dass der Whisky noch zu jung sei, um abgefüllt zu werden (die erste Abfüllung wird es 2019 geben). Der Gin aber wurde uns als vorzüglich angepriesen. Dementsprechend probierten wir auch gleich ein Gläschen... und ja, der Gin war echt sehr aromatisch und schmeckte hervorragend! Ich habe mich noch auf den Newsletter der Destillerie gesetzt, denn wenn der Whisky abgefüllt wird, muss ich unbedingt eine Flasche davon haben. Eine „Vater-Sohn-Reise-Remember-Bottle" sozusagen.

〰️

Gerade setzte ich den Blinker, um unsere Fahrt Richtung Wanaka fortzusetzen, als wir unseren Augen nicht trauten. War das wirklich echt, was wir da sahen? Ein Zaun voller Büstenhalter? So eine ungewöhnliche Attraktion konnten wir beiden Männer uns natürlich nicht entgehen lassen. Und... ja, so war es: Wir standen erstaunt vor einem Zaun voller BHs in allen Farben und Körbchengrößen. Tim fand im Internet schnell heraus, dass die Geschichte des Zauns 1999 begann, als 4 Frauen in der Silvesternacht ihre BHs hier aufhängten. Die Aktion sprach sich nicht nur schnell herum, sie fand auch viele Nachahmerinnen, sodass die Anzahl der aufgehängten BHs rasant wuchs. Ein nicht alltäglicher Anblick, der unzählige Besucher anlockt. Aus der ganzen Welt kommen Touristen hierher, um sich vor dem skurrilen Zaun zu verewigen – oder einen eigenen Betrag zu leisten. Der BH-Zaun hat auch ein offizielles rosafarbenes Schild mit der Aufschrift „Bradrona" inklusive einer Sammelbox für die Brustkrebsstiftung, die sehr gut angenommen wird. So gesehen, steht die Unterwäsche in der freien Natur nun für einen guten Zweck.[12] Wir konnten uns selbst davon überzeugen, wie einige Mädels einer asiatischen Reisegruppe laut kichernd ihren ganz persönlichen Textilbeitrag leisteten. Okay, liebe Männer der Generation Z und der Generation X, die Lust am weiblichen Busen ist ganz klar ein generationenübergreifendes Männerthema und so war es kein Wunder, dass wir beide dann auch bei unserer Weiterfahrt nach Wanaka eine angeregte Diskussion über „die ideale Größe" führten. Tims Geschmack tendierte zu Körbchengröße C, wohingegen mein Geschmack die Größe B favorisierte. Worin wir uns aber schließlich einigen konnten, war, dass es keineswegs auf die Größe, sondern auf die Form ankommt. Wohlgeformt und rund sollten sie sein, oder was meint ihr?

∿

Das wunderschön am Lake Wanaka gelegene und oft als „Little Queenstown" bezeichnete Wanaka war heute bei strahlender Spätherbstsonne unser Mittagsstopp. Ruhig war es hier, viel ruhiger als in Queenstown. Mein Navigator spornte mich an, weiterzufahren, wollten wir doch heute noch die West Coast erreichen. Wir fuhren auf dem State Highway Number 6 entlang des Lake Hawea über den Haast Pass. Wie immer zog die Nacht schnell herein und erst kurz vor Dunkelheit erreichten wir unser Ziel. Am kleinen, aber feinen DOC Campground am Lake Paringa standen bereits einige Camper. Wir tauschten noch ein paar „Hello's" aus, bevor es kalt wurde und jeder in seinem Camper verschwand. Auch für uns stand Abendessen auf dem Plan und nach 425 Kilometern Fahrt an diesem Tag gab es neuseeländische Ravioli mit Gurken- und Tomatensalat.

„Ein Gericht, das weltweit immer gleich schmeckt, nichts verspricht und das auch hält", kommentierte mein Sohn.

An diesem Abend schlief Tim, mangels Internet und Handyempfang, neben mir recht schnell ein. Ich schrieb noch meine „Erkenntnis des Tages" in mein Reisetagebuch und genoss die Stille der Natur hier im menschenleeren Westen der Südinsel.

EOM GLG CU

#chingachgook,
der letzte analoge Mohikaner *gig[13]

PS: Da ich mir ziemlich sicher bin, dass ihr Chingachgook nicht kennt, fragt doch einfach Alexa oder Siri. Sie werden euch sicherlich Auskunft geben können. Wenn ihr dabei auf #lederstrumpf trefft, sagt ihm einen Gruß von mir. Wir haben uns lang nicht mehr gesehen.

> *Erkenntnis des Tages*
> Unterschiedliche Herangehensweisen sind echte Chancen, sich aufeinander einzulassen und voneinander zu lernen. Jeder Vater kann auch etwas von seinem Sohn lernen und nicht nur umgekehrt.

Bewahrung der Schöpfung

Wir erben die Erde nicht von unseren Vorfahren,
wir leihen sie von unseren Kindern.

Indianisches Sprichwort

Hallo Sebastian,

weißt du noch, wie wir zusammen das Umweltbildungsprojekt „Ein Jahr im Ökoweinberg – Kinder als Nachwuchswinzer" am Castellberg begleitet haben? Ein Jahr lang haben eine Handvoll Kinder die Arbeiten eines Ökowinzers gemacht und am Ende ihren eigenen selbst gepressten Traubensaft verkauft. Das war ein tolles Projekt! Ich habe viel von dir als Umweltpädagoge gelernt und dich immer wieder für deinen unermüdlichen Einsatz für die Natur und jedes Lebewesen bewundert. Das, was du den Kindern damals in den 6 Projekttagen über die Pflanzen und Tiervielfalt ihrer Heimatlandschaft beigebracht hast, werden sie ihr Leben lang nicht vergessen. Du hast ihnen auf deine ganz besondere Art spielerisch und kindgerecht die Bewahrung der Schöpfung nachhaltig vermittelt!

∼

Gerade musste ich an dich denken, weil der Anblick des sehr schnell zurückgehenden Franz-Josef-Gletschers hier in Neuseeland mich heute sehr berührt und sehr nachdenklich gestimmt hat.

Ich bin mit meinem Sohn Tim, den du ja von „unserem Weinbergprojekt" her noch kennst, unterwegs durch Neuseeland. Wir verbringen hier gerade eine tolle Zeit miteinander, haben viel Zeit zum Reden, sind jeden Tag unterwegs in der Natur hier und kommen an so allerlei Themen vorbei. Es würde dir hier sicherlich auch gefallen, und so will ich dich gerne ein wenig mitnehmen auf unserer heutigen Reise entlang der Westküste auf der Südinsel des Landes.

∼

Heute Morgen lag ein kühler Frühnebel über dem Lake Paringa an der Westküste Neuseelands. Die umliegenden Berge schienen zu schweben, als ich aufwachte. Die lauten und kraftvollen Stimmen einiger Tui-Vögel lagen in der Luft. Ihr dunkel glänzendes Federkleid schimmerte im Sonnenlicht in Blau- und Grüntönen. Sie verteidigten am frühen Morgen schon ihre Flachs-Territorien gegen andere Vögel. Ihr stattliches Gezwitscher war unser natürlicher Wecker.

Ich schlüpfte aus meiner Koje, zog mir meine Schuhe an und ging nach draußen an den See. Die Kühle des Morgens tat gut und ich atmete die klare Luft der West Coast in mich hinein. Dass sich die Vegetation verändert hatte, war mir in der Dämmerung am Vortag gar nicht so sehr aufgefallen. Jetzt aber staunte ich, wie alte Baumfarne und dichtes Buschwerk neben 3 Meter hohem Flachsgras wachsen. Es sah aus wie in einem pittoresken immergrünen knorrigen Regenwald aus dem Film „Jurassic Park". Es hätte mich nicht gewundert, wenn in diesem Moment ein Dinosaurier aufgetaucht wäre. Okay, zum Glück kam keines dieser Urviecher vorbei, und ich ging zurück zu Tim in den Camper. Mein Sohn hatte unser „Müsli-Frühstück" bereits vorbereitet. Wir frühstückten mit Blick auf den See und genossen dabei das restliche Erwachen des Tages.

Heute wollten wir zum Franz-Josef-Gletscher und die wilde Schönheit der Westküste mit ihren Stränden, Regenwäldern und Gletschern genießen. Auf dem Haast Highway ging es nach dem Frühstück dann auch gleich Richtung Norden. Bereits nach ein paar Meilen zog uns die Bruce Bay in ihren Bann. Hier mündet der Mahitahi River in die Tasmanische See. Wobei es weniger die Flussmündung als vielmehr die wütende Brandung und der mit unzähligem Treibholz übersäte Strand waren, die uns begeisterten. Der Strand bot uns einen eindrucksvollen, aber irgendwie auch unwirklichen Anblick. Soweit das Auge reichte, sahen wir von der See und den Steinen glatt geschmirgeltes Treibholz. Die skurrilsten Gesichter, menschenähnliche Arme, Beine, Hände oder Haare konnte man mit etwas Fantasie erkennen. Die Treibholzskulpturen erinnerten mich ein wenig an die surrealen und fließenden Formen der Arbeiten von Salvador Dali – nur eben nicht auf Leinwand, sondern 3-dimensional aus Holz. Quasi „Surrealismus made by the sea".

Ich vergaß bei der Jagd nach tollen Bildern fast die Zeit und bemerkte gar nicht, dass Tim barfuß am Strand entlangschlenderte und fast gar nicht mehr zu sehen war. Die Tasmanische See war rau und es war zwischenzeitlich sehr stürmisch geworden. Plötzlich war er wieder da, der Beschützer in mir, und ich machte mir Sorgen um meinen Sohn. Was ist, wenn eine Welle ihn erfasst, was, wenn ein Stück Treibholz, das gerade mit brachialer Wucht an den Strand geworfen wird, ihn zu Boden streckt, oder … STOPP!, sagte ich zu mir – hör auf so zu denken und genieße ehrfürchtig und demütig die hier präsente Kraft der Natur. Alles ist gut! Er ist erwachsen und braucht keinen Beschützer mehr! Ich setzte mich auf einen der zahlreichen Baumstämme und verfiel, trotz der gewaltigen Präsenz der Natur um mich herum, in Gedanken über meine Beziehung zur Schöpfung.

Ich verschmolz mit dem rauen Wetter hier direkt am Meer, wo die Westwinde – die „Roaring Forties" – auf ihr Hindernis, die Southern Alps, also die neuseeländischen Alpen treffen. Die Natur zerstört und erhält sich zugleich, dachte ich. Sie bewahrt und erschafft und ich bin mittendrin. Bin nicht mehr als ein kleines Sandkorn an diesem unendlichen Strand des Lebens. Was war und ist mein Beitrag zur Bewahrung dieses Lebens, der Natur, der Schöpfung?, fragte ich mich.

Irgendwann tauchte Tim dann wieder auf, holte mich zurück aus meiner „Roaring Forties Meditation" und wir gingen zurück in den Camper, um uns aufzuwärmen. Ich startete den Motor und wir fuhren weiter auf der SH6 Richtung Norden.

∿

Es hellte auf, der Nieselregen ließ nach und das Wetter besserte sich. An der Brücke über den Waiho River bogen wir in die Franz Josef Glacier Road ein und fuhren bis zu dem großen, fast leeren Parkplatz am Ende der Straße. Dort angekommen, zögerten wir wegen des Wetters, beschlossen aber dann, dass wir auf jeden Fall bis zur Gletscherzunge des Franz-Josef-Gletschers wandern wollen. West-Coast-Buschwerk begleitete uns auf dem ersten Teil unseres Wegs. Es sah aus wie eine Mischung aus von Moos überwucherten Bäumen, dichten Sträuchern, Hecken und den unterschiedlichsten Arten von meterhohen Farnen. Der Regenwald endete und der Pfad schlängelte sich weiter durch das Tal, vorbei an Unmengen von moosbewachsenen Steinen und Findlingen. Das grüne Moos und die rot gefärbten Flechten auf den Steinen bildeten einen farbenfrohen Kontrast zur sonst dominanten grauen Einöde aus Felsen und Geröll. Immer wieder hörten wir die Rotoren der Helikopter über uns, die fußlahme und zahlungskräftige Touristen auf den Gletscher flogen. Eine gute Stunde liefen wir zum Gletscher und ich sah schon von Weitem mit Entsetzen, wie klein er geworden war. Wo 2009 noch Absperrungen waren und große Schilder vor den Gefahren des Gletschers warnten, konnten wir jetzt einfach vorbeigehen und sahen immer noch nicht das Ende des Weges. Auch wenn der Gletscher einiges an Größe verloren hatte, sah er für mich immer noch beeindruckend aus. Unten grau und schmutzig, fast schwarz, gab er das milchig türkisfarbene Gletscherwasser frei, das sich durch das Geröll seinen Weg ins Tal bahnte. Ab und zu durchbrach ein Sonnenstrahl die Wolkendecke und der Gletscher leuchtete dann eisblaukühl und majestätisch.

Bis zur Jahrhundertwende wird damit gerechnet, dass der Gletscher weitere 5 Kilometer an Länge und etwa 38 Prozent seiner Masse verlieren wird.[14] Was mich daran ärgert und aufwühlt, ist, dass wir Menschen wissen, woran das liegt, aber wir tun nichts dagegen. Es ist klar, dass die Eisschmelze mit der Zunahme des CO_2-Ausstoßes korreliert. Ein Teufelskreislauf, den wir Menschen mit unserem Ausstoß an CO_2 selbst ausgelöst haben und weiter vorantreiben. Wir Menschen richten die Schöpfung zugrunde. Vor allem die Menschen der Industrienationen schaffen es nicht, Abstand von ihrer Geldgeilheit zu nehmen und die Schöpfung, unsere Natur zu bewahren.

∿

Tim und ich verabschiedeten uns vom Gletscher und traten den Rückweg an. Fast wieder am Camper angekommen, legten wir bei ein paar kleinen Wasserfällen entlang des Weges eine Pause ein. Dort trafen wir Anne und Paula, 2 Amerikanerinnen auf Neuseeland- und Australienreise. Sie sprachen uns auf unser Vater-Sohn-T-Shirt an, welches wir beide an diesem Tag trugen, und wollten wissen, was eine Vater-Sohn-Reise ist. Als wir mit ihnen über unsere Reiseidee sprachen, erklärten sie uns, dass sie dann also eine „Cousine-und-Cousine-Reise" machten. Wir mussten alle 4 lauthals lachen. Nach ein paar Selfies mit Wasserfällen im Hintergrund verabschiedeten wir uns voneinander und Tim meinte: „Es ist doch immer schön, fröhliche Menschen zu treffen. Das heitert echt auf und ein trüber Tag ist dann auf einmal gar nicht mehr so trüb."

Recht hat er, dachte ich und spürte eine angenehme Wärme in mir aufsteigen.

~~~

Auf unserer weiteren Fahrt Richtung Westport verschlechterte sich das Wetter immer mehr. Es fing wieder an zu regnen und die Southern Alps zu unserer Rechten verhüllten sich komplett. Wir erklärten kurzerhand den Tag zum „Fahr- und Highway-Tag" und wollten so weit wie möglich nach Norden kommen. Auf der Fahrt war auffällig, dass in dieser Gegend, der wilden und ursprünglichen Westküste, nur wenige Menschen leben. In unserem Reiseführer lasen wir dann auch, dass es nur rund 33.000 Menschen sind und die Westküste damit die am dünnsten besiedelte Region Neuseelands ist. Okay, dachte ich – nur nicht liegen bleiben, sonst muss ich den Camper erschießen.

~~~

Wir fuhren den restlichen Tag auf der SH6 nach Norden. Die Straße bildet einen schmalen Streifen zwischen den südlichen Alpen und der Tasmanischen See, der selten mehr als 30 Kilometer breit ist. Die vorbeistreifende Landschaft war lange sehr unspektakulär, was sich aber nach Greymouth unmittelbar änderte. Hier führte die Straße über Bergvorsprünge, aber auch direkt am Ufer entlang. Die Küste wurde wieder wilder und dramatischer. Es dämmerte schon, als wir Punakaiki und die berühmten Pancake Rocks erreichten. Bei aufkommender Dunkelheit bestaunten wir das besondere abendliche Schauspiel, welches uns das Meer hier bot. An einigen Spalten und Kammern, den sogenannten „Blowholes", donnerte die hereinbrechende Flut gegen die Felsen und das Meerwasser schoss laut grollend, fontänenartig in die Höhe. Beeindruckendes Naturkino vom Feinsten, kann ich dir sagen.

∿

Zu unserem nächsten Übernachtungsstopp war es nicht mehr weit. Da es aber nun bereits stockdunkel war, beeilten wir uns, endlich anzukommen. Kurz nach Pororari, wo sich auf der Höhe der Irimahuwheri Bay die Straße vom Meer abwendet, wurde es ziemlich kurvig. Schwungvoll gekonnt führte ich unseren Camper in der Dunkelheit durch die Kurven, als es plötzlich einen dumpfen, knackenden und polternden Schlag tat.

Tim rief laut: „Papa! Was war das?"

Der Wagen blieb ruhig und ich konnte ihn ohne Probleme auf der Straße halten. Jetzt schoss es mir wie ein Geistesblitz durch den Kopf.

„Das war ein Opossum, das wir da gerade erwischt haben", sagte ich.

Und Tim erwiderte: „New Zealand Speed Bumpers" – so nannte sie unser Busfahrer Matthew, der uns vor ein paar Tagen in Queenstown zur Dart River Safari nach Glenorchy gefahren hat. Damals erklärte er uns, dass Opossums „der Staatsfeind Nummer 1" in Neuseeland seien und wir jedes Opossum überfahren sollen, das wir erwischen. Abends auf unserem Campingplatz machten wir uns im Internet schlau und lasen, dass die Populationen des katzengroßen Beuteltiers inzwischen eine echte Plage sind. Ungefähr 70 Millionen Exemplare bevölkern die Insel, das heißt, auf einen Einwohner kommen circa 20 dieser Tiere. Sie fressen nahezu alles, was grün ist.

Das Problem allerdings ist weniger, was Opossums fressen, vielmehr ist es das Wie. Nacht für Nacht kehren sie an den gleichen Baum zurück und ziehen ihn ab. Damit ist den Bäumen keine Chance auf Regeneration eingeräumt und mit dem Tod der Bäume sterben zahlreiche einheimische Insekten. Mit dem Verlust von Nahrung, dem natürlichen Schutz und der Nistmöglichkeiten wiederum wird die typische Vogelfauna Neuseelands massiv bedroht. Opossums fressen darüber hinaus Vogeleier, auch die der seltenen Kiwis.[15]

Trotz dieser Fakten war es ein mulmiges Gefühl, ein Tier überfahren zu haben. Ich konnte das Krachen der Knochen noch lange hören, bevor es leiser wurde und verstummte.

Lieber Sebastian, auch wenn ich dir heute eher von einem Fahr-, Sturm- und Regentag berichtet habe, habe ich auch viele sonnige und fröhliche Geschichten im Gepäck, die ich dir gerne erzähle, wenn wir uns das nächste Mal wiedersehen. Bis dahin, mach's gut und bleib, wie du bist – mein Natur-, Menschen- und Tierfreund.

Grüße von der West Coast,
Andreas

Erkenntnis des Tages
Ein Tier zu töten, ist kein schönes Gefühl.

Geheimnisse der Familiengeschichte

Für das, was einer ist, haben seine Vorfahren die Kosten bezahlt.

Friedrich Wilhelm Nietzsche, 1844-1900

Lieber Opa Herbert,

am 13. September vor 108 Jahren wurdest du in einem kleinen Dorf im Erzgebirge geboren und mehr als ein Jahrhundert später fahre ich, dein Enkel, mit meinem Sohn Tim in einem Camper entlang der Westküste Neuseelands. Auf unserer Fahrt in den Abel-Tasman-Nationalpark sprachen wir über unsere Familiengeschichte. Tim fragte mich, was ich über dich und die Zeit, in der du gelebt hast, weiß.

Da wir beide einige gemeinsame Jahre hatten, sprachen wir heute also viel über dich. Hätte es dich nicht gegeben, würde es deinen Sohn – meinen Vater – nicht geben und damit auch mich nicht. Irgendwie so einfach wie klar, aber dennoch bewegend. Denn wäre in deinem Leben nur eine Sache nicht eingetreten, wie sie eingetreten ist, wäre heute mein Leben ein anderes und dieser Brief würde niemals geschrieben werden.

Ich frage mich gerade, was ich von dir mitbekommen und mitgenommen habe. Was hat dich eigentlich in meinem Alter bewegt und in Atem gehalten? Welche Geschichten habt ihr euch am Lagerfeuer erzählt? Was hat dir Freude bereitet und was hast du deinem Sohn weitergegeben? Apropos weitergegeben – dein Messer mit dem Hirschhorngriff hat mir hier schon sehr gute Dienste geleistet. Ich habe es vor der Fahrt, wie du es mir als Kind gezeigt hast, auf dem Schleifstein noch einmal richtig geschärft und abgezogen. Das Messer ist wirklich ein tolles und wertvolles Stück… und es erinnert mich natürlich immer an dich. Daran, dass du mir das Schnitzen beigebracht hast. Übrigens, dein Satz „Ein Mann hat immer ein Messer in der Tasche und einen Hut auf dem Kopf" geistert mir immer wieder durch den Kopf.

Ich sehe dich dann immer vor mir, mit deinem Lachen, deiner Glatze und deinem dunkelgrauen Hut. Ich glaube, es war ein Trilby, ein Hut mit schmaler Krempe. Der hat, finde ich, wirklich sehr gut zu dir und deiner Kopfform gepasst! Er gab dir immer eine sehr männliche und ehrwürdige Ausstrahlung.

Als ich 9 Jahre alt war, bist du am 24. Dezember mit 68 Jahren am Weihnachtsmorgen gestorben. Ich weiß noch, wie du in deinem Bett gelegen hast und ich deinen schweren Atem im Flur hören konnte. Ich öffnete die Tür einen Spalt und sah dich da liegen, die Augen geschlossen und um dein Leben kämpfend. Der Rettungswagen kam und nahm dich mit. Mein Papa fuhr mit und war bei dir. Ich sah alles aus meinem Fenster, das sich zum Hof unseres Hauses öffnete, und weinte bitterlich. Der 9-jährige Andreas verfluchte Gott und hasste ihn, weil er ihm seinen Opa wegnehmen wollte. Das war das letzte Mal, dass ich dich gesehen habe. An diesem Tag bist du gestorben und es war das traurigste Weihnachten, das ich bisher erlebt habe.

Ich würde viel geben, um noch einmal mit dir zu sprechen. Damals war ich noch ein Kind und zu klein, um dir die Fragen zu stellen, die mich heute, als Mann, bewegen.

Auch wenn du diesen Brief nicht mehr lesen kannst, verbindet uns beide so viel, dass ich dir diesen Tag und unsere Erlebnisse von unserer Vater-Sohn-Reise sehr gerne erzählen möchte. Es ist irgendwie dann doch wie auf deinem Schoß zu sitzen und zu erzählen.

∿

Heute Morgen verließen Tim und ich Westport und folgten der SH6 entlang dem Flussbett des Buller River. Die Maori gaben dem Fluss den Namen „Kawatiri", was so viel heißt wie „schnell und tief". Wie sich bald herausstellte, war dies eine sehr treffende Bezeichnung, denn der Fluss bahnt sich seinen Weg durch fantastische Schluchten und Täler. An einigen Stellen war das Tal sehr eng und die Straße verlief teilweise einspurig unter Felsüberhängen. Die Landschaft, der Flusslauf und die Felsen hatten erstaunlich viel Ähnlichkeit mit meinem geliebten Donautal zu Hause auf der Schwäbischen Alb.

Unser Ziel war heute der Abel Tasman National Park. Dort hatten wir vor, ein Stück des „Coast Tracks" zu wandern. Dieser idyllische Wanderweg verbindet tolle Buchten am kristallklaren Wasser der Tasman Bay. Man wandert entlang unzähliger Strände, durch grüne Regenwälder und über Hügelzüge, die einen einmaligen Blick auf die Küste eröffnen. Aber alles der Reihe nach …

Der Himmel zeigte sich heute bedeckt und ab und zu regnete es. Kein Problem für uns, war es doch wieder einer unserer „Fahrtage". Wir hatten uns für heute kurvige 250 Kilometer vorgenommen und wussten noch nicht genau, wo wir anlanden wollten.

Solche „Fahrtage" waren bis jetzt auf unserer Reise ideale Geschichten-, Entdecker- und Gesprächstage für uns. Ich weiß gar nicht mehr genau, wie wir auf unsere Familie und unsere Familiengeschichte zu sprechen gekommen sind. Auf jeden Fall unterhielten wir uns plötzlich intensiv über Gemeinschaft in der Familie, das Dazugehören, Kinder, Partnerschaft, Mut, Not, Entbehrungen und Verbindungen zur deutschen Geschichte.

∾

Ich erzählte Tim, dass du das Friseurhandwerk gelernt hast und dass du als Geselle zweieinhalb Jahre mit dem Fahrrad quer durch Deutschland – von Hamburg durch das Rheinland bis nach München – „auf der Walz" warst. So bist du damals zum ersten Mal nach Konstanz gekommen, wo es dich später wieder hingezogen hat. Heute trage ich einen Bart und würde mich allzu gerne einmal von dir stilecht mit handaufgeschäumtem Rasierschaum und Rasiermesser rasieren lassen. Lange lag zu Hause inmitten einer Zigarrenkiste voller Schwarz-Weiß-Fotos noch dein Rasiermesser, das ich als kleiner Junge immer bewunderte und nicht wusste, was man damit anfangen konnte. Es hatte helle Hornbeschläge und irgendetwas mit „Solingen" stand darauf, wie wahrscheinlich auf allen Messern aus dieser Zeit in Deutschland.

∾

Tim hörte mir zu wie einem Geschichtenerzähler aus einer anderen Zeit. Hin und wieder stellte er ein paar Fragen, ließ mich aber die Dinge erzählen, die ich noch von meinem Vater über dich wusste. Nach einer Phase, in der wir wieder weniger sprachen, durchbrach Tim die Stille und fragte: „Du, Papa, dein Opa war doch im Krieg. Was weißt du darüber? War er auch in Russland? Weißt du, was er gemacht hat und wie das so war?"

Schade, dass du ihm (und auch mir) davon nicht selbst erzählen kannst. Okay, vielleicht würdest du ja auch gar nicht darüber reden wollen. Auf jeden Fall erzählte ich Tim, was ich wusste. Dass du im Zweiten Weltkrieg Fahrer eines deutschen Generals in Russland warst und dass du mit einem der letzten Flugzeuge aus Russland entkommen bist, weil „dein General" dich auf Heimaturlaub schickte. Die Begründung war, dass du seit mehr als 2 Jahren keinen Urlaub hattest und dementsprechend lange nicht zu Hause warst. Er wusste, glaube ich, dass er dort nicht mehr herauskommen würde, oder? Er gab dir einen Brief für seine Frau mit, die in Berlin wohnte.

Wir beide haben nie darüber gesprochen, ich war ja noch zu jung, als du gestorben bist. Mein Vater hat mir das alles erzählt. Auf jeden Fall warst du gerade einmal 2 Tage zu Hause, da kam der Befehl und du musstest nicht mehr nach Russland, sondern nach Frankreich, um das Vaterland gegen die heranrollende Invasion zu verteidigen. Dort bist du dann in Gefangenschaft geraten und hast ein paar Jahre auf einem Bauernhof gearbeitet, bis du aus der Gefangenschaft entlassen wurdest. Dein Sohn, mein Vater, wurde 1943 noch zu Kriegszeiten geboren und hat dich erst nach deiner Rückkehr 1947 aus der Gefangenschaft gesehen.

Da war er 4 und du 38 Jahre alt. Für Tim war das unvorstellbar und er fragte mich: „Was hat dann dein Opa gemacht, als er wieder zu Hause war?" Ehrlich gesagt, weiß ich das nicht ganz genau. Mein Vater erzählte mir aber einmal, dass du immer ein Naturmensch warst und nach dem Krieg nicht mehr als Friseur, sondern in der Landwirtschaft und einer Försterei gearbeitet hast.

Ich erzählte meinem Sohn, dass ihr eure Heimat 1952 mit nur einem Koffer in der Hand heimlich im Morgengrauen verlassen habt und mit dem Zug nach Berlin gefahren seid. Du warst 14 Tage zuvor „vorausgefahren" und hast der Frau des Generals den Abschiedsbrief übergeben.

Von meinem Vater wusste ich, dass du außerdem noch eine Postkarte geschrieben hast mit der Nachricht: „Bin gut im Erzgebirge angekommen." Das war das Zeichen für Oma und meinen damals 9-jährigen Vater aufzubrechen. Eure neue Heimat sollte Konstanz werden. Dort hatte der Bruder der Frau des Generals eine Fabrik und suchte einen Privatfahrer. Du wurdest ihm empfohlen und packtest die Gelegenheit beim Schopf. Über Kontakte zu einem Piloten der US-Air-Force habt ihr einen Flug raus aus Berlin nach Frankfurt bekommen und konntet von dort aus weiter nach Konstanz reisen. So seid ihr 1952 nach Süddeutschland an den Bodensee gekommen, wo mein Vater zur Volksschule ging und später eine Ausbildung zum Automechaniker bei Opel begann. 36 Jahre später, du warst 59 Jahre alt, wurde ich in Konstanz geboren.

∿

Während ich von dir erzählte, lieber Opa, hörte mir mein Sohn gebannt zu. Staunen stand ihm ins Gesicht geschrieben. Nach ein paar Minuten der Stille sagte er zu mir: „Was und wie du von deinem Opa erzählst, hört sich für mich so nahe und doch so weit weg an, wie Geschichten aus einem Land in einer anderen Welt. Unvorstellbar, was mein Uropa und seine Familie damals erleben mussten und welche Entscheidungen sie getroffen haben. Dein Opa hat ja meine Zukunft durch sein Handeln echt beeinflusst. Er muss ein beeindruckender Mensch gewesen sein."

Ich nickte: „Ja, das war er. Er ist nur leider zu früh an einem Herzinfarkt gestorben. Trotzdem bin ich dankbar, dass ich noch ein paar Jahre mit ihm leben durfte, auch wenn ich mich nur noch an weniges erinnere. Viele Kinder hatten in dieser Zeit keinen Opa und Söhne keinen Vater. Viele sind aus dem Krieg gar nicht zurückgekommen."

∿

Wir machten Mittagspause auf dem auf 613 Meter hoch gelegenen „Hope Saddle". Auf einem schönen Aussichtspunkt unweit der SH6 verspeisten wir bei tollem Rundumblick die Sushis, die wir im „New World Supermarkt" in Westport heute Morgen gekauft hatten. Wir fuhren weiter auf der SH6 Richtung Nelson und stoppten erst wieder in Motueka.

Gegen Abend checkten wir auf dem Campingplatz „Marahau Beach Camp" ein, einem kleinen gepflegten Platz mit vielen Bäumen. Es waren nur 3 Camper hier und so wurde es ein stiller beschaulicher Abend, den wir in der Küche des Campingplatzes mit Kochen, Abendessen, Ansichtskarten- und Reisetagebuchschreiben verbrachten. Nach unserem 2-Gänge-Menü hatten wir uns noch Tickets für einen „Singleride" hinein in den Abel Tasman gekauft. Von hier aus werden wir morgen mit einem Wassertaxi zum Ausgangspunkt unserer Tagestour auf dem Coastal Track gebracht.

∿

Ach ja, deine Frau – meine Oma Anna – wurde 93 Jahre alt, 25 Jahre älter als du. Wir haben noch viel Zeit miteinander verbracht. Sie hat mit mir im Herbst auf den Wiesen der Schwäbischen Alb Wiesenchampignons gesucht und mir von euren zahlreichen Urlauben in den Bayrischen Wald und nach Buchboden im Großen Walsertal erzählt. Immer mit dem hellblauen VW-Käfer, der irgendwie perfekt zu deiner Größe, deinem Hut und zu dir passte. Ich kann mir bis heute kein passenderes Auto für dich vorstellen – der Käfer hatte genau deine Kopfform.

∿

Vielen Dank für die Ferien, die ich als Kind bei euch in Konstanz verbringen durfte, und die Dinge, die du mir beigebracht hast. Ich werde das Band, das von Generation zu Generation geknüpft wird und das vom Vater zum Sohn weitergegeben wird, an meinen Sohn weitergeben.

Es war schön, einen Opa und eine Oma gehabt zu haben.

Dein Enkel Andreas

PS: Ach ja, dein Zeiss-Fernglas war eine sehr gute Anschaffung! Das Ding hat eine fantastische Brennweite und eine klasse Schärfe. Ich habe es hier oft in der Hand und beobachte die Tiere. Gestern haben wir vom Strand aus Fellrobben beobachtet, die sich auf den vorgelagerten Felsen tummelten. Mit bloßem Auge konnte man sie aufgrund ihres grauen Fells kaum erkennen, aber mit deinem Fernglas war das kein Problem.

Erkenntnisse des Tages:
Eine Familie ist eine Familie ist eine Familie. Es gibt Menschen vor dir, die Entscheidungen getroffen haben, die dein heutiges Leben beeinflussen und denen du dein Dasein zu verdanken hast. Auch deine Entscheidungen und Handlungen werden alle, die nach dir kommen, beeinflussen. Sei dir dessen stets bewusst.

Zeige deinem Sohn den Platz in der Reihe seiner Ahnen und erzähle ihm eure Familiengeschichten. Er braucht das, um in der Reihe der Männer in seiner Familie dazuzugehören und seinen Platz einzunehmen.

Männerfreundschaften und Geh-Spräche

Der Erzieher verdient den Namen Vater mehr als der Erzeuger.

Talmud

Lieber Alex,

weißt du noch, wie wir damals im Studium hin und wieder einfach so ein Wanderwochenende eingelegt haben? Wenn wir Lust hatten, deinen VW Bulli zu packen, kurz ein Ziel auf der Landkarte auszusuchen und dann einfach loszufahren, dann haben wir das getan!

Ich erinnere mich noch gut, als wir nach Bayern an den Kochel- und den Walchensee gefahren und auf den Herzogstand gewandert sind.

Vielleicht hat mich der kleine Campingplatz hier in Marahau oder das heutige „Geh-Spräch" mit meinem Sohn Tim an unsere Tour von damals erinnert. Auf jeden Fall habe ich diese „Männer-Geh-Spräche" auf unseren Touren immer als sehr bereichernd empfunden! Ich konnte dadurch so manches Thema besser verdauen und danach viele Dinge klarer sehen.

An deinen Posts auf Facebook habe ich gesehen, dass du mit deinem Sohn auf dem Pitztaler Gletscher beim Skifahren warst und ihr Kaiserwetter hattet. Deine Idee, kurzfristig noch einmal ein paar Tage Skifahren zu gehen, war dieses Mal für mich leider nicht umsetzbar, da das Pitztal von da, wo wir zurzeit sind, nicht gerade um die Ecke ist. Wie du sicherlich an der Briefmarke bemerkt hast, schreibe ich dir diesen Brief nicht aus Freiburg, sondern aus Neuseeland, wo ich für ein paar Wochen gemeinsam mit Tim unterwegs bin. Heute wollen wir im Abel Tasman National Park eine Tagestour auf dem „Coastal Trail" wandern.

Wir sind hier gerade auf den Spuren der Maori, des Engländers James Cook und des niederländischen Seefahrers Abel Janszoon Tasman unterwegs. Nach dem Letzteren ist der Nationalpark hier benannt. Tasman hat auf Entdeckungsreise als erster Europäer Neuseeland erreicht. Heute sind wir sicherlich nicht die einzigen Europäer hier und unsere Entdeckungsreise verläuft auf festen Pfaden und Straßen. Was aber Tim und ich hier vor allem entdecken, ist unsere tolle gemeinsame Zeit. Wir haben nach ein paar Tagen den Rhythmus der Natur angenommen und orientieren uns mehr und mehr an Tag und Nacht als an der Uhrzeit. Wir stehen mit der Sonne auf und gehen früh ins Bett (kein Wunder – es ist ja um 18 Uhr auch bereits dunkelste Nacht). Dieser natürliche Rhythmus fühlt sich unglaublich harmonisch und gut an. Ich bin wieder in Balance mit mir selbst. Auch die Ruhe hier gibt mir Kraft und entschleunigt mich.

Heute haben wir uns jedoch entgegen unserem inneren Rhythmus einen Wecker gestellt und sind in aller Frühe aufgestanden. Wir wollten gemütlich frühstücken und alles fertig haben, bevor wir zu unserer Tagestour in den „Abel Tasman" starten.

Am Treffpunkt der Aqua Taxis warteten bereits einige Paare und Gruppen mit Rücksäcken, die alle dasselbe Ziel hatten wie wir, den Coastal Trail. Schnell wich die Ruhe einem geschäftigen Treiben und ein beeindruckendes Schauspiel nahm seinen Lauf.

Je nach Landepunkt entlang des Trails wurden wir alle auf unterschiedliche Boote aufgeteilt. Die Wassertaxis befanden sich auf Anhängern und wurden von Traktoren gezogen. Der Anblick dieser Flotte aus Traktoren, Anhängern, Schiffen und Passagieren gab ein interessantes Bild ab.

Ich dachte sofort an das jährliche „Schleppertreffen" im Glottertal, wo sich Hanomag, Deutz, Fahner, Fahr und Fendt die Ehre geben. Zugegebenermaßen waren die Maschinen hier nicht altersschwach oder gar historisch, vielmehr neu und modern. Sie heißen Ford, John Deere oder Massey Ferguson und zeugen davon, dass die Menschen hier gut vom Tourismus leben können.

Auf jeden Fall setzten wir uns alle nahezu gleichzeitig in Bewegung und machten uns ratternd auf den Weg zum Strand. Im kniehohen Wasser wurden wir dann von der Anhängerrampe heruntergleitend zu Wasser gelassen und es ging los. Unser Ziel war „Bark Bay", von der aus wir über die „Torrent Bay" nach Anchorage wandern wollten.

～

Wir fuhren entlang der Granitküste des Abel Tasman National Park Richtung Norden. Begeistert beobachtete ich meinen Sohn, der die Kombination aus Motorboot, Wellenreiten, Robben beobachten und den coolen Sprüchen unseres Drivers Jeremy sichtlich genoss.

An unserer Bay angekommen, stellte Jeremy den Motor ab, ließ das Boot noch etwas treiben und sprang dann mit einem Satz ins klare Nass. Er zog das Boot ins seichte Wasser und ließ uns über eine kleine Rampe aussteigen. Vom Strand aus sahen wir bereits den Zugang zum Trail, auf dem wir den Rest des Tages verbringen würden.

Ich gab mich am Sandstrand erst einmal dem herrlichen Gefühl hin, den Sand zwischen meinen Zehen zu spüren. What a wonderful life …

Die Sonne schien und ein paar harmlose Wolken standen am Himmel, als wir mit unseren Rucksäcken auf dem Rücken starteten. Der Trail führte uns entlang baumhoher Farne und dichtem Bewuchs hoch über die Tasmanische See. Immer wieder gab der Wald den Blick auf das Meer, kleine Buchten und herrliche Strände frei. An manchen Stellen führten kleine Pfade hinunter zu den goldgelben Buchten.

Anfangs sprachen wir wenig miteinander und jeder ging sein eigenes Tempo. Wir genossen das Gehen, die Eindrücke entlang des Weges, die Stille der Natur, den Blick auf das türkisgrüne Wasser und die Faszination des Weges selbst. Wir überquerten Brücken, durchquerten kleine Schluchten mit friedlichen Waldteichen und sahen Pilze, exotische Blüten und jede Menge Opossum-Fallen.

Als ich an der beeindruckenden 47 Meter langen Hängebrücke über dem „Falls River" ankam, wartete Tim bereits auf mich und fragte: „Papa, hast du Lust auf ein ‚Geh-Spräch'?"

Ich ruhte mich kurz aus, holte Luft und sagte: „Klar, was ist dein Thema?"

Tim ließ ein Pärchen, das von der anderen Seite die Brücke überquerte, passieren und antwortete: „Es ist so schön hier, mit dir und auch heute, der Track ist echt einmalig, aber mir fehlen manchmal meine Freunde von zu Hause. Kannst du das verstehen? Irgendwie wäre es toll, wenn sie auch hier sein könnten. Ich bin einfach gerne mit ihnen zusammen."

Ich erwiderte: „Das ist okay, echte Männerfreundschaften sind durch nichts zu ersetzen. Mir bedeuten meine Freundschaften auch sehr viel. Ich spreche mit meinen Freunden über andere Dinge als mit dir oder mit Mama."

Unser Abstand zueinander veränderte sich ein wenig und Tim lief 2 Schritte voraus. Nach ein paar Minuten passte er seine Geschwindigkeit wieder meiner an und fragte: „Du, Papa, was zeichnet für dich eine echte Männerfreundschaft aus?"

Ich überlegte und ging langsam weiter. Ich war zunächst still, aber meine Gedanken waren in Bewegung.

„Ich glaube, dass es wenige echte und ehrliche Freundschaften im Leben gibt. Zumindest ist es in meinem Leben so. Ein echter Freund stärkt mich, baut mich auf und kommt ohne Angeben, Machtgehabe und Prahlerei aus. Er sieht mich so, wie ich bin, gibt mir nicht vorschnell gute Ratschläge. Mit einem guten Freund kann ich einfach so ohne Grund ein Bier trinken und ich fühle mich in seiner Nähe wohl. Selbst wenn wir uns erst nach Monaten wiedersehen, fühlt es sich wie immer an. So, als ob wir gerade erst die B-Jugend-Kreismeisterschaft gewonnen hätten."

Tim lachte und meinte: „Das verstehe ich. Aber ein Freund muss mich doch auch motivieren und antreiben, noch mehr aus meinem Leben herauszuholen."

„Hmmm", murmelte ich nachdenklich, „ich finde, Siege schaffen keine langfristige Zufriedenheit und du solltest eher dein eigener Antreiber als der eines Freundes sein. Wettbewerbsdenken in einer Männerfreundschaft finde ich fehl am Platz. Zwischen Freunden geht es nicht um schneller, höher, weiter."

Tims Antwort kam nicht gleich. Wir entfernten uns wiederum ein wenig voneinander und gingen weiter. Ich spürte, wie gut es tat, diese „Geh-Sprüche" zu führen. Trägt doch die einfache Veränderung von Nähe und Distanz im Gehen dazu bei, auch die Nähe und Distanz in der Meinung und im Gespräch zu erleben.

Während Tim schwieg, fielen mir wieder unsere „Geh-Sprüche" in seiner Pubertät ein. Gerade damals bei Konfliktthemen waren die Gespräche im Gehen eine sehr gute Sache. Wir konnten uns im Gehen näherkommen und uns auch wieder voneinander entfernen. Wenn es heikel wurde oder wenn verbale Attacken ausgetauscht wurden, war der Abstand zwischen uns größer, als wenn wir uns wieder vertragen hatten. Beim Gehen mussten wir aufeinander Rücksicht nehmen, nicht zu schnell oder auch nicht zu langsam zu gehen. Bei einem „Geh-Spräch" ist außerdem immer etwas von dir in Bewegung. Wenn der Kopf gerade Pause hat, bewegt sich der Körper, und das ist das eigentliche Geheimnis. Mittlerweile bin ich absolut überzeugt davon, dass bei „Geh-Sprächen" mehr entsteht als bei „Sitz-Gesprächen".

Ich weiß noch, dass Tim sich bei unseren Familiengesprächen an unserem Esszimmertisch immer von mir „an die Wand gedrängt" gefühlt hat und die Begrenzung unseres Esszimmers auch die Vielfalt der Lösungen eingeschränkt hat. In der Natur hingegen gibt es dieses Limit erst gar nicht. Für mich waren jedenfalls unsere besten Konfliktgespräche unsere „Geh-Spräche". Vereinbarungen, die wir im Gehen besprochen hatten, haben wir danach oft in Tims Vereinbarungsheft geschrieben und sie dadurch für uns alle verbindlich gemacht. Wir haben in Bewegung immer eine gute Lösung gefunden, denn der Weg entsteht ja bekanntlich beim Gehen.

Tim riss mich aus meinen Gedanken.

„Klar, es geht nicht immer um Leistung und Ansporn. Aber manchmal ist es genau das, was ich eben brauche, um mich wieder aufzuraffen. Quasi so ein: Los, Mann! Du schaffst das. Zeig endlich, was in dir steckt!"

Ich überlegte.

„Dann ist der Freund aber in dieser Situation eher jemand, der dich sichert, damit du nicht in ein Loch fällst. Er aktiviert deinen Ehrgeiz, treibt dich an und sagt dir im richtigen Moment ehrlich seine Meinung. Ich glaube, es mangelt uns nicht an Kumpels, Kollegen oder Wettbewerbern. Davon haben wir meistens genug.

Es mangelt uns eher an wirklich aufrichtigen und authentischen Freunden, die für uns da sind, die uns aufmuntern und die uns immer wieder einen Spiegel vorhalten. Jeder braucht eine wichtige Unterstützungsquelle. Ein guter Freund kann so eine wertvolle Quelle sein – in vielen Facetten. Aus diesem Grund bin ich immer bereit, für einen Freund ein Risiko einzugehen. Er ist es mir wert und ich weiß, er würde das Gleiche für mich tun."

Ein „High five" beendete unser „Vater-Sohn-Geh-Spräch" und wir wanderten wieder schweigend, unseren Abstand zueinander vergrößernd, auf dem Coastal Track weiter Richtung Torrent Bay.

∼

Zwischen Falls River und kurz vor Torrent Bay zeigte die Küste dann erneut ihr traumhaft schönes Gesicht und gab überwältigende Ausblicke auf das Mündungsgebiet des Torrent Rivers und die Tasmanische See frei. Das Mündungsgebiet des Torrent Rivers kann während Ebbe direkt überquert werden. Eine Sandbank ragt zu dieser Zeit komplett aus dem Wasser und überbrückt das Mündungsgebiet. Eigentlich wollten wir unsere Wanderung nach Anchorage damit um ungefähr 3 Kilometer und um knapp eine Stunde abkürzen, aber wir waren zu spät. Das Wasser stand bereits zu hoch und so entschieden wir uns, den Schatten spendenden „High Tide Track" zu nehmen. Er führt um das Mündungsgebiet herum zu einer Abzweigung mit der Aufschrift „Cleopatras Pool". Wir wollten unbedingt den Pool der ägyptischen Königin hier in Neuseeland sehen. Der Weg führte uns am Flussbett entlang, vorbei an großen Felsbrocken, bis hin zu dem abgelegenen Pool. Wow, was für ein herrlicher Platz für ein Päuschen und die beste Gelegenheit, uns zu erfrischen. Die runden Felsen und Wasserläufe sind herrliche natürliche Rutschbahnen und bieten jede Menge Spaß, auch wenn das Wasser am Ende des Sommers echt super erfrischend war. Das war fast so toll, wie damals nach dem Abstieg vom Herzogstand in den Walchensee zu hüpfen.

Nach Cleopatras Pool ging es weiter durch das Innere des Nationalparks und durch das unendlich saftige Grün des Waldes. Nahe Anchorage führte der Track hinunter zu Anchorage Hut, wo wir genüsslich und müde in der untergehenden Sonne auf unser Pickup-Taxi zurück nach Marahau warteten. Bei unserer abendlichen Tagebuchsession hakte ich den Punkt „Wanderung im Abel Tasman" auf meiner „Big-5-to-see-or-to-do-in-New-Zeeland-Liste" zufrieden ab und fiel in einen herrlich tiefen Schlaf.

„Männerfreundschaftsgrüße" in den Frühling auf der Schwäbischen Alb,

Dein Freund Andreas

PS: Beim Gehen heute dachte ich noch, dass der erste Freund im Leben des Sohnes doch eigentlich der eigene Vater ist, oder? Ich glaube aber auch, dass viele Väter sich dessen gar nicht bewusst sind. Bist du dir dessen bewusst?

Erkenntnis des Tages
Sei dir bewusst, dass du der erste Freund im Leben deines Sohnes bist. Lehre ihn, was echte Freundschaft bedeutet, und lass ihn teilhaben an deinen Männerfreundschaften. Er wird von dir lernen und seine eigenen Freundschaften aufbauen und gestalten.

Die spirituelle Energie der Natur

Der Mensch bereist die Welt auf der Suche nach dem, was ihm fehlt. Und er kehrt nach Hause zurück, um es zu finden.

George Moore, 1852-1933

Lieber Thomas,

warum, frage ich mich gerade, habe ich dir noch nie in meinem Leben einen Brief geschrieben? Ich wusste immer, wo du bist, und du warst irgendwie unbewusst auch immer bei mir, egal wo ich war. Als ich in Konstanz studiert habe, waren wir uns immer besonders nah und schliefen Luftlinie nur wenige 100 Meter voneinander entfernt. Ich kann mich noch gut an das Kribbeln im Bauch erinnern, als ich dich im ersten Semester zum ersten Mal alleine, ohne Mama und Papa besucht habe. Damals nahm ich diese Energie zwischen uns besonders intensiv wahr. Du bist sehr präsent in meinen Gedanken, das habe ich heute auch wieder hier in Neuseeland gespürt, als ich an einem den Maori heiligen Ort an dich denken musste.

„Du bist in Neuseeland?", wirst du fragen.

Ja, ich habe es getan. Ich bin gerade mit meinem Sohn Tim hier auf der Südinsel an der Golden Bay unterwegs. Heute waren wir sehr früh am Morgen an den „Pupu-Springs". Von diesem mächtigen Quelltopf mit der reinsten Form und Leuchtkraft, das Wasser zu bieten hat, geht eine unglaubliche Energie aus. Eine Energie, wie ich sie bisher an wenigen Orten der Welt gespürt habe. Vielleicht war diese spirituelle Ausstrahlung der Grund, dass ich an dich denken musste.

Du wurdest 6 Wochen zu früh am 17. Mai 1967 in Konstanz geboren. Du warst mein älterer Bruder und bist nur 5 Tage alt geworden. Als Kind hätte ich gerne einen älteren Bruder gehabt und konnte es mir natürlich nicht vorstellen, wie es gewesen wäre, wenn ...

Oft habe ich mich gefragt, wie du wohl ausgesehen hättest. Von was du geträumt hättest. Was du geliebt hättest – und wie wir beide wohl miteinander ausgekommen wären. Hätten wir oft gestritten oder wären wir ein Herz und eine Seele gewesen? Irgendwie bist du immer wieder in meinem Leben präsent, obwohl wir uns nicht kannten und du ja selbst nur eine kurze Zeit auf dieser Welt sein durftest. Aber nun alles der Reihe nach: Ich möchte dir jetzt von dem Ort erzählen, an dem ich so intensiv an dich denken musste, an meinen Bruder...

∿

Von Marahau aus waren die 60 Kilometer zwar kein weiter, aber der bisher kurvenreichste Weg, den wir hier in Neuseeland zurückgelegt haben. Die SH60 führte uns über die wunderschönen Takaka Hills und beeindruckte durch tolle Fernblicke auf die Tasman Bay und die umliegende Bergkette der Richmond Ranges. Die Fahrt mit den fast unendlich erscheinenden engen Kurven war schon ein Erlebnis für sich. Immer wieder haben wir uns kleine Rennen mit den Milchlastern geliefert, die oft mit einem Reifen in der Luft schwungvoll und routiniert durch die Kurven gesegelt sind. Echte Neuseeland-Trucker eben. Wann immer sich die Gelegenheit ergab, habe ich die Jungs an mir vorbeigelassen und habe dafür immer wieder ein freundliches Winken oder Blinken geerntet. Am Hawkes Lookout beeindruckte uns die bizarre Stein- und Wiesenlandschaft mit einem Fernblick bis nach Nelson. Auf dem Parkplatz der Ngarua Caves machten wir dann auch eine kurze Pause und genossen das Panorama. Als ich Tim fragte, ob wir die Tropfsteinhöhle und die Moa-Skelette der ausgestorbenen flugunfähigen Urvögel besichtigen sollten, antworte er mir nur: „Papa, auf den Bildern sieht das Ding aus wie die Bärenhöhle auf der Schwäbischen Alb und dort war ich mit Oma und Opa schon 100 Mal." Er grinste. „Okay, die Skelette dort waren Bären und hier sind es Moas. Aber Knochen sind Knochen." Wir mussten beide lachen, starteten den Motor unseres Campers und fuhren weiter.

Unser „Kleinlaster" schaukelte weiter mit uns über die Takaka Hills. Wir sangen munter vor uns hin. Da wir täglich den DJ wechselten, war Tim heute an der Reihe, die Musik zu bestimmen. Er legte erstaunlicherweise Musik auf, die ich auch mochte. Passend zur Landschaft und unserer Stimmung erklang gerade Country Roads und unsere „Inhouse-Camper-Karaoke-Party" erreichte ihren Höhepunkt. Lauthals sangen wir textsicher mit und hatten einen Riesenspaß. Manche Lieder warden generationsübergreifend an Lagerfeuern weitergegeben, Country Roads ist so ein Lied.

∽∽

Als wir das kleine Hippie-Städtchen Takaka erreichten, waren wir gut drauf und musikalisch eingestimmt auf das, was uns erwartete. Die Commercial Street, Takakas Lebensader, war gesäumt von bunten Läden, Galerien und Cafés. Ein Haus fiel Tim durch seine rot-orange Farbe und den grünen Fensterrahmen sofort auf.

Das „Takaka Infusion".

Er verschwand durch die Eingangstür und kam wie vom Blitz getroffen wieder zurück: „Papa! Schnell... ein Bioladen wie in Freiburg, mit richtigem Brot!"

Erstaunt und zugleich freudig überrascht, folgte ich meinem Guide, und wir verbrachten hier unsere Mittagspause bei einer leckeren Broccoli-Quiche. Wir erfuhren, dass die Inhaber des Cafés aus Deutschland kamen und sich hier niedergelassen hatten. Wir nahmen uns noch ein frisch gebackenes Vollkornbrot mit und waren happy, wieder einmal richtig gutes deutsches Brot zu essen. Die Chefin bot uns an, vom Baum hinter dem Haus noch ein paar Feijoas mitzunehmen. Man sah uns wohl an, dass wir diese Frucht nicht kannten, und sie erklärte: „Das sind Früchte, die es in Deutschland nicht gibt. Sie schmecken wie eine Mischung aus Erdbeere, Ananas, Guave, Zitrone und Quitte." Dankend nahmen wir an, verabschiedeten uns, sammelten ein paar Früchte vom Boden unter dem Baum auf und fuhren weiter nach Pohara. Heute hatten wir keine Lust zu kochen und reservierten uns einen Tisch im „Plan B Restaurant". Also wenn das mal kein passender Name für unser alternatives Vorhaben war...

Lange fieberte ich schon einer gekonnt zubereiteten Portion „Green lipped mussels" entgegen und heute war es endlich so weit: Ich bestellte mir die „Steamed New Zealand green lipped mussels in our unique house broth with warmed bread".

Tim hatte den „Plan B Beef Burger". Beides war großartig und da wir keinen Plan C hatten, verbrachten wir den restlichen Abend hier. Wir bestellten uns noch das eine oder andere Craftbeer und genossen es, das Ende des Tages hier ausklingen zu lassen. Es war einfach eine tolle Sache, an der Golden Bay mit seinem Sohn zu sitzen und bei einem Männerbier gemeinsam das Leben zu genießen.

Am nächsten Morgen standen wir früh auf. Wir wollten die Süßwasserquellen „Te Waikoropupu" (kurz Pupu), einen heiligen Ort des lokalen Maori-Stammes, besuchen, bevor der Touristenstrom begann. Und was soll ich dir sagen, großer Bruder? Es hat sich gelohnt. Ich habe noch nie in meinem Leben und noch nirgendwo auf dieser Welt einen Ort erlebt, von dem eine solche spirituelle Energie ausging wie hier.

An insgesamt 16 Stellen werden pro Sekunde 14.000 Liter kristallklares Wasser zutage gefördert. Und die Unterwassersichtweiten sind unübertroffen. Schon als wir das Portal am Eingang des Quellgebietes betraten, erfasste mich eine besondere Magie. Es war, als ob ich eine Stimmgabel in mir hätte, die mit den Schwingungen an diesem Ort völlig übereinstimmte und in Resonanz ging. Ich fühlte mich innerlich tief berührt und angenehm angespannt zugleich. Wir gingen, ohne viel zu sprechen, nebeneinander den hölzernen Bohlenweg entlang. Nach einer Weile erreichten wir einen kleinen See. Die Sonne drang bis tief auf den Grund und das Wasser schimmerte in allen Blau- und Türkistönen. Es sah aus wie die Schuppen des Regenbogenfisches im Kinderbuch meines Sohnes. Überall an der Wasseroberfläche waren Quellbewegungen und Kräuselungen zu erkennen. Wir hatten Glück, denn außer uns gab es keine Besucher.

Ich fragte Tim, ob er ein paar Minuten hier mit mir meditieren möchte. Erst blickte er mich etwas verdutzt an, lächelte mir dann zu und willigte ein. Wir setzten uns auf eine nahe gelegene Bank und schlossen die Augen.

Die Stille genießend, ließen wir die Geräusche und die Energie um uns herum auf uns wirken. Ruhig atmeten wir ein und aus... ein und aus... ein und aus. Meine Gedanken fingen schnell an zu wandern. Sie wanderten zu dir – meinem großen Bruder. Ich sah uns Fußball spielen, Stöcke schnitzen und Fahrrad fahren. Wir hatten Spaß, lachten und waren wie Pech und Schwefel. Wie unzertrennbare Freunde. 2 Lausbuben, die den Hals nicht vollbekommen, Streiche auszuhecken.

„Schön, dass du da bist", sagte meine innere Stimme zu dir und du hattest ein Lächeln auf deinem Gesicht. Ich musste blinzeln und du warst für eine Sekunde weg, aber dann gleich wieder da. Wir hatten uns mit anderen Jungs gestritten und nun waren unsere Hände schmutzig und wir hatten Kratzer im Gesicht. Du sagtest zu mir: „Wir stehen füreinander ein, egal was kommt. Wir sind eine Familie." Wir erhoben uns von der Wiese, auf der wir gesessen hatten, und gingen den kleinen Fußweg vorbei an Oma Bertas Garten nach Hause, um mit Mama und Papa zu Abend zu essen. Du gingst voraus, du bist ja auch mein großer Bruder. Auf einmal bliebst du stehen und sagtest zu mir: „Ich muss jetzt gehen. Aber ich bin immer bei dir, wenn du mich brauchst."

In diesem Augenblick spürte ich, wie Tim von der Bank aufstand. Das riss mich aus meinen Gedanken. Ich verabschiedete mich von dir und öffnete die Augen. Tim schaute mich besorgt an.

„Papa, was ist passiert? Du hast Tränen in den Augen." „Alles in Ordnung, Tim, ich habe nur jemanden getroffen, den ich lange nicht gesehen habe."

Hey, mein großer Bruder. Diese Reise hätte ich auch gerne gemeinsam mit dir gemacht. Ich bin überzeugt, es hätte dir gefallen.

Mach's gut!

Dein kleiner Bruder, Andreas

PS: Als ich in Konstanz studiert habe, war ich immer wieder einmal an deinem Grab. Auch wenn das kleine Kreuzchen längst nicht mehr da war, wusste mein innerer Kompass immer noch den Weg zu der Stelle neben der großen Linde, wo du begraben bist. Ich habe immer wieder mit dir gesprochen, du aber nicht mit mir. Das hast du erst hier getan. Danke.

Erkenntnis des Tages
Das Leben ist nicht nur hektisch und laut. Verbringe auch spirituelle und ruhige Momente gemeinsam mit deinem Sohn. Er lernt so von dir, seine Mitte zu finden und seine eigene innere Ruhe und Inspiration zu entwickeln. Sie ist das Tor zu seiner inneren Welt – lehre ihn, diese Welt in sich zu entdecken.

The glass is half full

Ich kann mich an die Zeit,
in der du mich auf deinen starken Männerarmen getragen hast,
nicht mehr erinnern.
Sie wird überstrahlt von der Zeit,
in der du mich immer wieder aufgefangen hast,
als ich Gehen gelernt habe,
bis ich es alleine konnte.

„Für meinen Vater I" – Andreas Seltmann, *1968

Liebe Claudi,

ich musste heute Morgen schon lauthals über deine WhatsApp-Nachricht lachen. Sie war kurz, aber herzlich und lautete: „Hallo, meine Jungs, Halbzeit?"

Du hast recht, es ist Halbzeit. Tim und ich sind nun schon seit 2 Wochen unterwegs, so wie du seit 2 Wochen mit unserer Tochter alleine zu Hause bist. Wie schnell doch die Zeit vergeht. Schön, dass wir immer über WhatsApp im Kontakt sind. So fühlt es sich an, als ob wir gar nicht sooo weit weg voneinander sind, oder?

Tim und ich sind gerade in Picton. Picton ist zum einen das Tor zu den Marlborough Sounds und zum anderen das Tor zur Nordinsel Neuseelands. Von hier aus gehen die Fähren über die Cook Street, die Meeresenge zwischen den beiden Inseln, nach Wellington. Die „Interislander" wird uns morgen in die Hauptstadt Neuseelands bringen, nach „Windy Welli", wie sie von den Neuseeländern liebevoll genannt wird.

Wir freuen uns schon sehr, die 2. Halbzeit unserer Tour in Angriff zu nehmen und die Geheimnisse des Nordens zu entdecken. Irgendwie ist es aber auch ein „kleiner Tod". Der Abschied von der rauen, einmalig schönen und beeindruckenden Südinsel ist auch ein Abschied von der ersten Hälfte unseres Vater-Sohn-Abenteuers. Schön ist es, dass wir viele tolle Erlebnisse hatten, die uns niemand mehr nehmen kann. Ich bereue keine Sekunde unserer Reise!

∿

Unsere Fahrt führte uns heute von der Golden Bay über Nelson nach Picton. Die Takaka Hills waren auch auf dem Rückweg wieder ein Erlebnis und die Ausblicke eine Augenweide. Kurz nach Nelson verließen wir die weite Ebene der Tasman Bay und tauchten in die dichten und hügeligen Wälder des Ray Valley ein. In Havelock, der „Hauptstadt der Greenlip-Mussels", wollte ich unbedingt meinen so geliebten Grünlipp-Muscheln frönen! Du kennst mich ja, bei Meeresfrüchten habe ich einen guten Riecher. So landeten wir im „The Mussel Pot Restaurant & Cafe".

Hmmmm, war das lecker! Frischer geht es nicht – echte Superklasse.

Über den Queen Charlotte Drive fuhren wir weiter zu unserem Tagesziel Picton. Wir nutzten noch den einen und anderen Stopp entlang der Steilküste und genossen die Ausblicke auf das dunkelblaue Wasser der Sounds. Von unserem letzten Aussichtspunkt kurz vor unserem Ziel hatten wir einen tollen Blick über die Stadt, die vielen Boote und das geschäftige Treiben im Hafen. Tim beobachtete mit Opa Herberts Fernglas eine von Wellington kommende Fähre und rief: „Das ist unsere. Die bringt uns morgen rüber!"

Wie schön, wenn du uns beide hier sehen könntest.

∾

Abends saßen wir nach dem Essen noch mit einer Packung Chips und einem „Mac's Three Wolves" im Billardraum des Top 10 Campingplatzes und stießen auf die erste Halbzeit unserer Reise an. Bei einer Runde Billard erkannte unser Sohn: „The glass is half full – and the first half was delicious."

Dieser Spruch steht hier oft auf den kleinen grünen „Jucy Campern". Tatsächlich fühlte es sich genau so an: Die erste Hälfte war großartig und köstlich – und das in ALLEN Facetten.

∾

Tim ging in den Camper, um mit seinen Freunden zu whatsappen, und ich blieb noch sitzen. Die alten abgewetzten Sessel erinnerten mich irgendwie an die Teestube in unserer Heimatstadt. Ich schrieb meine Gedanken des Tages in mein Reisetagebuch und dir diesen Brief. Neben mir liegt die Karte mit dem Spruch von Mark Twain, die du in meiner Fototasche versteckt hast. Heute, am Abend vor der Überfahrt zur Nordinsel, passt die Karte mehr denn je.

„In 20 Jahren wirst du mehr enttäuscht sein über die Dinge, die du nicht getan hast, als über die Dinge, die du getan hast. Also löse die Knoten, laufe aus aus dem sicheren Hafen. Erfasse die Passatwinde mit deinen Segeln. Erforsche. Träume."

Mark Twain, 1835–1910

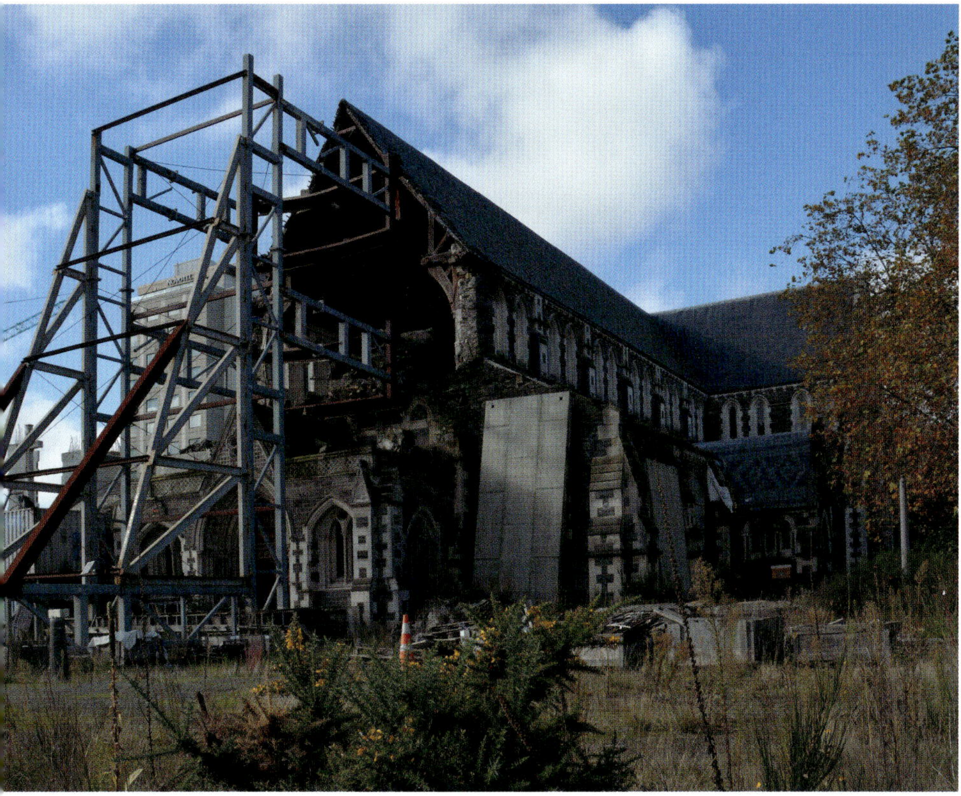

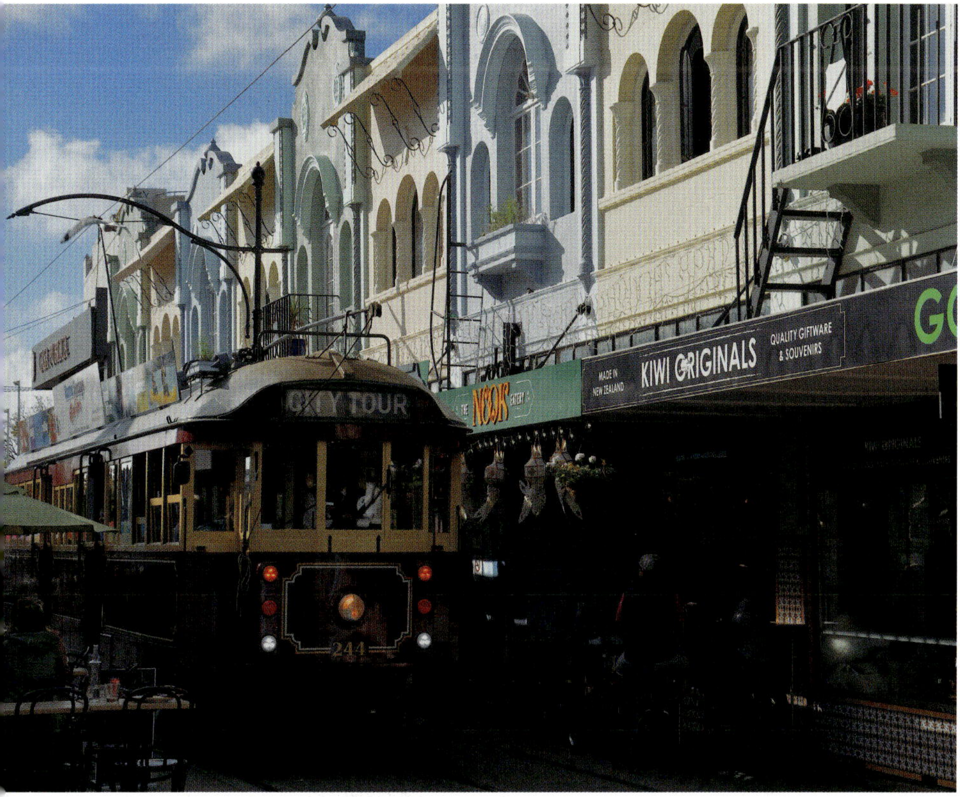
MADE IN
NEW ZEALAND
KIWI ORIGINALS
QUALITY GIFTWARE
& SOUVENIRS
244

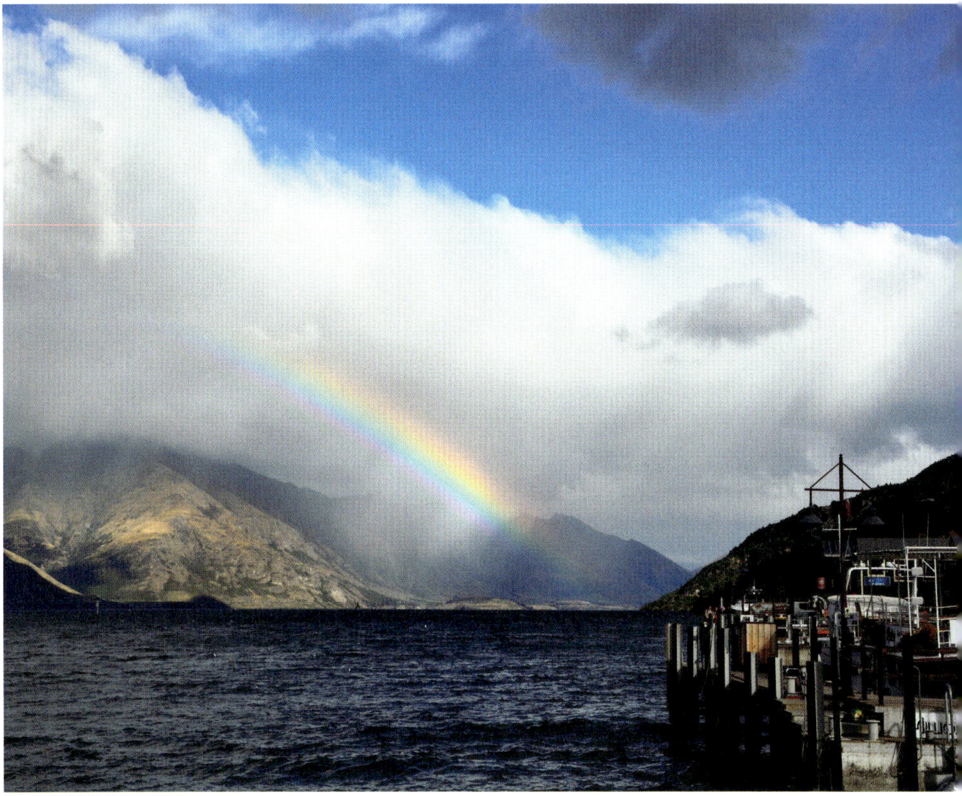

15003km NORTH POLE
CAPE TOWN 10788km
SAO PAULO
SOUTH POLE 4998km
10761km BEIJING

DART RIVER

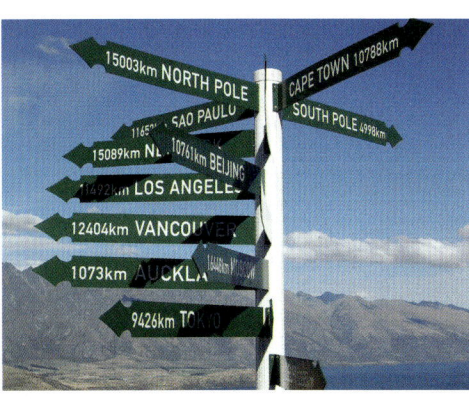

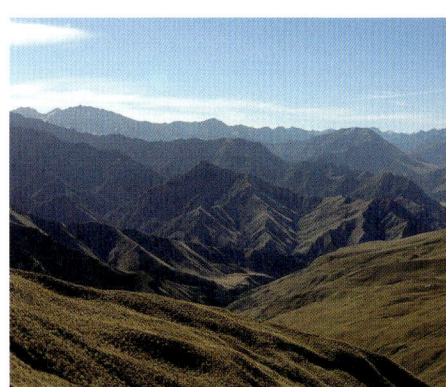

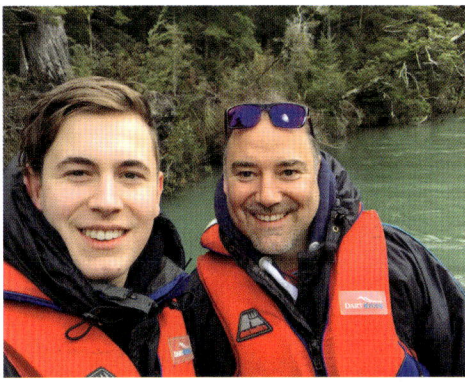

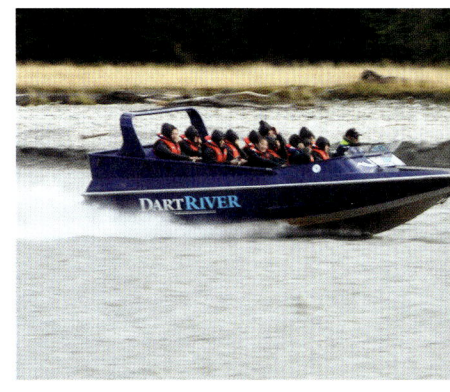

NAU MAI HAERE MAI
PIKI MAI KAKE MAI
NAU MAI KI TENEI WAAHI TAPU
TE PUNA WAIORA O TE WAIKOROPUPU

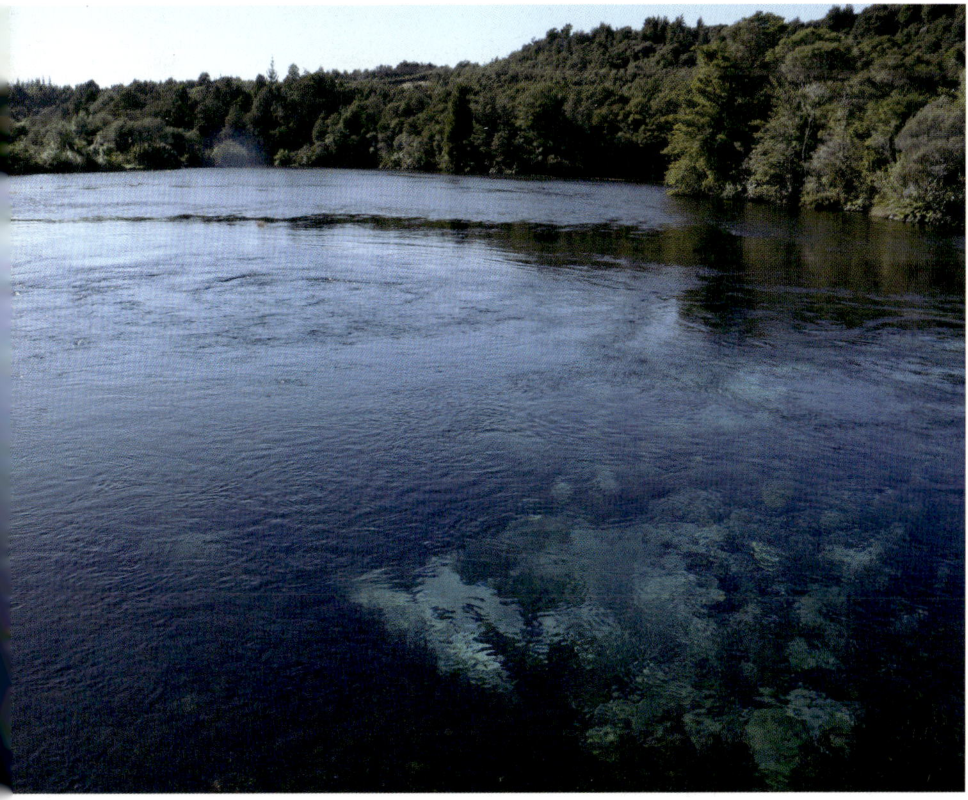

WORKS END

Das gemalte Herz auf der Karte mit dem handgeschriebenen Satz „Genießt eure gemeinsame Zeit in vollen Zügen" lässt mich immer an dich denken und innerlich strahlen. Sie begleitet mich als Lesezeichen in meinem Reisetagebuch… und ja, genau das tun wir: Wir lösen die Knoten und segeln in die 2. Hälfte unseres Abenteuers.

〰

Liebe Claudi, diese Auszeit ist etwas ganz Besonderes für Tim und mich und hoffentlich, wenn auch gezwungenermaßen, auch für dich und Leonie. Vielen Dank, liebe Schwellenwächterin, für deine anfängliche Skepsis und deine Bedenken. Sie waren wichtig und wertvoll.

Zu jeder Zeit warst und bist du für mich und unsere Kinder da. Du bist unsere sichere Bank, unser Rückhalt, unser Heimathafen. Auf dich können wir uns immer verlassen. Du bist die beste Mutter, die ich mir für unsere Kinder nur wünschen kann. Du kennst und liebst unsere Macken und Stärken und siehst über unsere Schwächen hinweg. Du bist immer für eine Überraschung gut und die beste Köchin der Welt. Dein Lächeln am Morgen rettet jeden Tag und lässt beim Frühstück schon die Sonne scheinen. Kurzum, ich liebe dich!

Vielen Dank für die vielen Jahre Lebenszeit, die du mir geschenkt hast. Vielen Dank für das Vertrauen in mich und Tim, dass wir wieder gesund nach Hause kommen werden – das werden wir, ich verspreche es.

〰

Als ich dir vor ein paar Monaten zum ersten Mal von unserer Reiseidee erzählte, hattest du Bedenken. Du sagtest: „Das ist schön für euch, aber ich bin dann mit unserer Tochter die ganzen 4 Wochen im Alltagstrott alleine zu Hause!"

Ich weiß, dass es dir nicht leichtgefallen ist, unserem Vater-Sohn-Auszeit-Plan zuzustimmen.

Mutterinstinkte kann frau nicht einfach so ausknipsen, und Loslassen ist auch für Mütter von Söhnen eine Lebensaufgabe. Deine Ängste habe ich natürlich ernst genommen.

Die Realität ist so überraschend, dass es fast schon unheimlich ist. Wir kommen bisher super miteinander klar und die Reise lässt uns als Vater und Sohn noch mehr zusammenwachsen. Schön ist es, dass wir uns gegenseitig fast täglich hautnah in neuen Situationen erleben. Wir sind (meistens) vernünftig und passen aufeinander auf – du brauchst dir also keine Sorgen um uns machen.

∿

Vielleicht geht es dir zu Hause ja auch so, dass du über dich als Frau und Mutter ins Nachdenken kommst? Ich jedenfalls denke hier viel über mich als Mann und Vater nach. Manches Gefühl, das sich dabei einstellt, habe ich lange nicht mehr gespürt, und es fühlt sich an wie eine neue „Leichtigkeit des Seins". Diese Reise schenkt mir einen klaren Blick und fühlt sich verdammt toll an. Eine Klarheit, die ich erlangt habe, ist, dass die Väter meiner Generation die ersten Väter sind, die über ihre Wünsche und Bedürfnisse sprechen und zu ihnen stehen. Diese Emanzipation müssen wir an unsere Söhne weitergeben und sie ihnen beibringen.

Wir sind es ihnen und ihrer künftigen Rolle als Mann, Ehemann und Vater schuldig. Mit dieser Emanzipation und Gewissheit bin ich auf der Reise des Lebens unseres Sohnes für ihn Sparringspartner, Reisegefährte und Freund. Er braucht mich und meine Zeit, meine Gegenwart und die Unternehmungen nur mit mir. Er braucht sie, um mich zu verstehen und sich zu finden. Deshalb will ich in Zukunft mehr denn je die Kraft und das Selbstbewusstsein aufbringen, meine Zeit mit ihm so zu gestalten, wie ich es möchte, und nicht, wie es mein Umfeld oder die Normen unserer Gesellschaft es möchten. Jeder Sohn braucht einen authentischen Vater und nicht einen Abklatsch einer anderen Person oder einer Wunschvorstellung. Mehr denn je – und ich bin sicher, es ist nie zu spät – habe ich mich entschieden, ein anwesender Vater zu sein. Was das genau bedeutet, weiß ich noch nicht. Aber ich will es mir wert sein und tue es für MICH. Ich tue es nicht für das Glück unseres Sohnes und nicht für mein Image als Mann und Vater!

Liebe Claudi, wie du siehst, kommt hier eine Menge in Bewegung und ich spüre, dass ich neben der äußeren Reise auch innerlich unterwegs bin. Schön, dich als meine Zuhörerin, Reisebegleiterin und Vertraute dabeizuhaben.

Ich hab dich sehr, sehr lieb!
Dein Andi

PS: Mach dir den Spaß und ziehe nur für dich Halbzeitbilanz deiner Zeit zu Hause. Wie fällt sie aus? Was waren Glücksmomente eurer Mutter-Tochter-Zeit? Was wollt ihr beide noch erleben, solange wir weg sind?
Ich will wirklich nicht besserwisserisch erscheinen, aber bitte nutze die Zeit „ohne uns" auch für dich selbst. Sei es dir wert, öfters an dich zu denken. Sei neben Mama auch ganz oft DU! Denn die Ehefrau hat gerade 4 Wochen Urlaub.

Erkenntnis des Tages

Etwas mit Wertschätzung abzuschließen, macht den Kopf frei für Neues, verankert Erlebtes und ist eine Kraftquelle. Abschlüsse sind Freiheit für die Seele.

Das Kind und der Beschützer sind zurück

Vaterschaft ist ein Beruf, der einem auferlegt wird,
ohne dass man gefragt wird, ob man sich auch dafür eignet.

Francis de Croisset, 1877-1937

Liebe Claudi,

heute schreibe ich dir gleich noch einen Brief. Ich hätte deinen ärztlichen Rat heute gut gebrauchen können. Stopp, stopp, keine Sorge, es ist nichts Schlimmes passiert! Aber alles der Reihe nach:

Wir sind heute mit der Fähre von Picton auf der Südinsel über die „Cook Straight[16]" nach Wellington auf der Nordinsel übergesetzt. Schon das Warten am Fähranleger war eine interessante Erfahrung und für uns Landratten gab es viel zu sehen. Überpünktlich haben wir uns heute Morgen im „Vehicle Check In" an der Interislander Fährgesellschaft eingefunden. Ein paar wenige Camper waren schon vor uns da und das Entladen „der Aratere", unserer Fähre, die uns nach „Windy Welli" bringen würde, war in vollem Gange. Eine Diesellok entlud Eisenbahnwaggons über die 4 Gleise, die ins Innere der Fähre führten. LKWs fuhren über die eine Rampe und PKWs über eine andere aus dem Bauch der

Fähre. Sie starteten auch gleich durch zu ihren Zielen irgendwo auf der Südinsel.

Das Ganze glich irgendwie dem perfekt organisierten Ausschwärmen eines Bienenschwarms, nur behäbiger. Die Fähre mit ihren 183 Metern Länge hatte 6 Decks und wir versuchten anfangs noch, dieses Entladerätsel zu entziffern. Nach kurzer Zeit gaben wir auf und merkten, dass es noch eine ganze Weile dauern würde, bis der „Kahn" leer war und wir reinfahren konnten. Später haben wir nachgelesen, dass die Aratere 670 Passagiere, 28 Waggons und 30 LKW oder 230 PKW aufnehmen kann.

Wow… und wir mittendrin!

Wir beschlossen, uns die Wartezeit etwas zu vertreiben. Ich unternahm eine kleine Fotosafari am Anleger und blieb in der Nähe unseres Campers – quasi allzeit bereit zum Hineinfahren. Tim wollte eine Runde durch den Jachthafen spazieren und sagte: „Ich bin in einer halben Stunde wieder da, ich schau mir nur die Jachten da hinten an." Ich antwortete noch ganz entspannt: „Alles klar, sei pünktlich!", und machte mich mit meiner Nikon auf den Weg in Richtung der „vielen kleinen schaukelnden Masten". Die Schiffe vor dem „Edwin Fox Maritime Museum" boten vor der Hügelkette der umliegenden Marlborough Sounds ein tolles Motiv an diesem wunderschönen sonnigen Tag, als plötzlich Bewegung in die Wartenden kam. Ich beeilte mich, zurück zum Camper zu kommen. Zu meinem Erstaunen stellte ich fest, dass die besagte halbe Stunde gerade abgelaufen war und das Beladen der Fähre begann. Von unserem Sohn war weit und breit nichts zu sehen. Als sich dann wiederum nach einer weiteren Viertelstunde die Spur neben uns, die mit 15 wartenden Oldtimern belegt war, in Bewegung setzte, wurde ich ziemlich unentspannt. Ich hatte unsere Tickets in der Tasche und Tim war immer noch nicht da. Ich startete auf das Winken des Einweisers den Motor, machte ihm bei heruntergekurbelter Scheibe klar, dass ich noch auf meinen Beifahrer wartete, und verfluchte die Leichtsinnigkeit meines Sohnes. Für den Einweiser war es überhaupt kein Problem, was mich aber nicht wirklich beruhigte. Er ließ mich zur Seite fahren und winkte die anderen Camper an mir vorbei. Als ich Tim auch mit dem 3. Handyanruf nicht erreichte, war meine Geduld zu Ende. Ich wollte gerade den Gang einlegen und zum Einfahren ansetzen, da spurtete mein Sohn daher und hüpfte strahlend und munter auf den Beifahrersitz. Ich biss mir auf die Lippen, schäumte innerlich vor Wut und fuhr ohne ein Wort zu reden los. Auf der kurzen Fahrt ins Innere der Fähre erzählte mir Tim, dass er einer „Kiwi-Familie" beim Beladen ihres Bootes geholfen hatte. Während der Vater das Boot betankte und die Mutter noch etwas einkaufte, hatte Tim auf deren kleinen Sohn Neil aufgepasst.

Als Dank hatte ihm der Vater einen kleinen Jadeanhänger geschenkt und gesagt: „Du bist ein guter Mensch! Das soll dir Glück und Gesundheit bringen."

Ich hätte ihn küssen und gleichzeitig erwürgen können.

∿

Nachdem wir unseren Camper mithilfe der Einweiser geparkt hatten, gingen wir, wie alle Passagiere, auf eines der Besucherdecks, um die Ausfahrt unserer Fähre zu verfolgen. Es ging recht zügig los und wir fuhren den Queen Charlotte Sound[17] in Richtung Nordosten entlang.

Die See lag ruhig und wir beide gingen auf Deck ein wenig umher. Wir winkten den Passagieren der einfahrenden Fähre „MS Strait Feronia" zu. Nebeneinander auf die Reling gelehnt, genossen wir den Ausblick auf die grüne, dicht bewaldete Vegetation der wunderschönen, sonnenbeschienenen Landschaft. Wäre da nicht der stampfende Diesel unserer Fähre und der typische Dieselgeruch in der Luft gewesen, hätte ich mit Sicherheit die Zeit um uns herum völlig vergessen. Ich hing meinen Gedanken an „unser Boardingerlebnis" nach, als Tim mich mit seinen Worten wachrüttelte.

„Ich dreh mal eine Runde auf dem Schiff und geh nach vorne."
Ich lachte ihm zu, gab ihm „High five" und sagte diesmal nichts.

∼∼

In der Zwischenzeit bogen wir in den Tory Channel ein und steuerten an den Aussichtspunkten East und West Head vorbei, zur Ausfahrt in die Cook Straight. Ich setzte mich an ein windstilles Plätzchen auf dem Außendeck mit Blick durch die beiden Schornsteine. Irgendwann hatten wir die Cook Straight erreicht und ich blickte zurück auf die kleinen spitzen Felsen rechts und links der Ausfahrt. Die Gischt schäumte an den Felsen empor und der wilde Seegang kündigte das offene Meer an. Ich setzte mich in den Windschatten von einem der Kamine, wo auch eine Mutter mit ihrem Kind saß. Catherine, eine Neuseeländerin mit ihrer Tochter auf dem Weg nach Hause, sprach mich gleich an und fragte, woher ich komme und ob ich hier „on Holiday" sei. Ich antwortete: „Well, yes I'm on a holiday trip with my son and we are both from Germany." Begeistert schwärmte sie von Deutschland und wie schön es dort sei. Sie erzählte, dass sie vor Jahren einmal als Backpacker dort unterwegs gewesen war. Catherine hatte auf ihrem Deutschlandtrip München, Heidelberg und Frankfurt besucht. Wir lachten und redeten über unsere Heimatländer und unsere Kinder. Cathy, wie ich sie nennen durfte, schwärmte, wie „nice and clean" Germany sei, und ich sagte, wie großartig ich die Menschen und die Landschaften hier in Neuseeland fände. Ich schmunzelte beim Gedanken, dass wir Menschen scheinbar immer das schön finden, was wir nicht haben und was manchmal weit entfernt ist. Die Schönheit in unserer unmittelbaren Nähe wird für manche Menschen irgendwann zur Gewohnheit. Am Ende unseres sehr vertrauten Gesprächs umarmte sie mich und sagte: „A very very great thing, what you are doing together with your son."

Ich war gerührt, so eine Nähe und so ein herzliches Feedback von einem Menschen zu erfahren, den ich 30 Minuten zuvor noch gar nicht kannte. Wenn es Seelenverwandtschaften gibt, dann hatte ich sie hier gerade getroffen. In ihrer Umarmung lag das Verständnis jeder Mutter dieser Welt, dass Väter Zeit mit ihren Söhnen brauchen. Sie lächelte mir zu und sagte: „Enjoy your time." Wir verabschiedeten uns und ich machte mich auf, um nach meinem Sohn zu schauen.

Wir hatten noch zweieinhalb Stunden Fahrt vor uns, ich hatte Hunger und wollte zusammen mit Tim eine Kleinigkeit essen gehen. Wahrscheinlich war es mein väterlicher Instinkt ... auf jeden Fall fand ich ihn relativ schnell. Er kauerte auf einem Sessel, war blass im Gesicht und um die Nase sogar richtig weiß. Er stöhnte: „Mir ist so schlecht, Papa."

Schnell verfrachtete ich meinen Sohn in den Liegezustand auf einem nahen Sofa, legte ihm unseren Rucksack unter die Füße und fächerte ihm etwas frische Luft zu. Nach ein paar Minuten hatte ich das Gefühl, dass es ihm wieder besser ging. Du hättest das Gleiche getan ... oder, meine liebe Claudi?

Tim beruhigte mich: „Ich glaube, ich bleibe hier liegen und ruhe mich aus. Du brauchst nicht bei mir hier sitzen bleiben ... Genieß du lieber die Fahrt."

Ein paar Minuten saß ich noch neben meinem leidenden Sohn, bis ich dann wieder auf der Fähre hin und her spazierte, um mir die Zeit zu vertreiben. Ab und zu schaute ich nach ihm, aber Tim wollte nichts von mir oder dem Treiben um ihn herum wissen. Er lag mit seiner tief ins Gesicht gezogenen Baseball-Kappe da und sehnte den Hafen von Wellington herbei. Ich meinerseits freute mich beim ersten Anblick der Nordinsel und genoss die Einfahrt durch die Fitzroy Bay, am Pencarrow Head und an Ward Island vorbei hinein in den „Wellington Harbour". Zum ersten Mal in meinem Leben würde ich gleich meinen Fuß auf die Nordinsel von Aotearoa setzen. Ein tolles Gefühl voller Vorfreude war das.

Apropos „tolles Gefühl": Tim ging es wieder besser. Er hatte sich erholt und Wellington empfing uns freundlich bei sonnigen 14°C. Wir haben noch die Stadt erkundet und uns dann gegen Abend ein tolles Porterhouse Steak und Salat für unser Dinner eingekauft. Von Seekrankheit war bei Tim schon lange nichts mehr zu spüren und so wurde es ein leckerer „Grill-und-Chill-Abend".

Liebe Grüße aus der Hauptstadt Neuseelands in den Frühling in Freiburg. Hab euch lieb,

Andi

PS: Am Hafen fand ein „Fire-Fighter-Wettkampf" statt. Dem Jubel nach hat das Team mit den schwarzen Helmen und der Aufschrift „Ngati Tumatauenga" gewonnen und den Parkour am schnellsten in voller Feuerwehrmontur bewältigt.
Wir beide hatten auf jeden Fall eine tolle Unterhaltung und noch einen schönen Sundowner hier an der lebendigen und wuseligen Promenade von „Windy Welli", das heute gar nicht so windy war (zum Glück).

Erkenntnis des Tages

Leiden und Sorge schweißt zusammen. Zu wissen, es ist jemand für dich da, ist ein verdammt gutes Gefühl.

Über das Erwachsenwerden

Eigentlich will ich nie erwachsen werden.
Denn mein inneres Kind ist meine Sonne.
Sie ist mein innerer Frühling, der mir meine Ausstrahlung verleiht.
Ist mein Hafen, wenn ich Ruhe suche.
Ist die Lachfalte an meinem Kinn, wenn ich an die schönen Momente denke, die wir zusammen erlebt haben.

Andreas Seltmann, *1968

Lieber Tim,

ein weiteres Highlight unserer Reise, auf das ich mich schon sehr freue, liegt unmittelbar vor uns. Ich bin sehr gespannt auf den Tongariro Nationalpark und auf Peter Jacksons Filmwelt von Mordor. Mal schauen, ob wir Gollum sehen und ob es an jeder Ecke raucht und nach Schwefel stinkt.

Wenn ich es mir recht überlege, will ich ihn eigentlich gar nicht treffen, sondern am liebsten bei herrlichem Sonnenschein mit dir die Gegend dort erkunden.

∿

Weil das Wetter in den kommenden Tagen sehr wechselhaft werden sollte und damit unsere Trekkingtour gefährdet wäre, haben wir beim Frühstück kurzerhand beschlossen, heute einen kompletten Fahrtag einzulegen. Unsere „Siebensachen" waren schnell gepackt und wir verließen das „Capital Gateway Motor Inn" in Wellington in Richtung „Highway Number 1".

Die SH1 war dann auch für eine lange Zeit des Tages unser Freund auf dem Weg nach Norden.

Tatsächlich war es hier auf der Nordinsel wärmer als auf der Südinsel. Irgendwie klar, liegt der Süden doch näher an der Antarktis. Trotzdem ist es für mich als „Nordhalbkugel-Bewohner" komisch, nach Norden ins warme Wetter zu fahren. Als wir an der Westküste der Nordinsel mit eingestelltem Tempomat entlangtuckerten, habe ich dich gefragt, ob du dich schon auf den Beginn deiner Ausbildung freust.

„Ja, sehr", hast du geantwortet, „alle Menschen, die ich bisher bei der Firma kennengelernt habe, sind sehr nett. Sogar der Geschäftsführer war beim 2. Gespräch mit dabei und hat sich für mich interessiert."

Ich spürte echte Vorfreude in deiner Stimme und ein gutes Gefühl der Zufriedenheit stellte sich bei mir ein. Nach einer Weile fragtest du mich: „Papa, wie war das bei dir damals? Du musstest doch früher nach der Ausbildung noch zum Bund. Wie war das?"

Ich erzählte dir, dass damals alle jungen Männer zur Bundeswehr mussten oder aber den „Dienst an der Waffe" verweigern konnten. Dann wiederum musste man Ersatzdienst, das heißt Zivildienst, leisten. Mich hat damals das Schicksal meines 2. Großvaters, der Vater meiner Mutter, bewegt. Er erlitt im Krieg, als Sanitäter an der Ostfront in Russland, einen Lungenschuss und steckte sich anschließend im Lazarett mit Gelbsucht an. Mein Opa überlebte, trug aber eine fortschreitende Lebererkrankung und Splitter in der Nähe der Wirbelsäule und in der Schulter mit sich herum. Als er so alt war wie ich jetzt gerade bin, starb er mit 49 Jahren an Leberzirrhose. Meine Mutter war damals 14 und ihr Bruder gerade

13 Jahre alt. Ich hatte ihn nie kennengelernt. Schade, er war wohl ein beeindruckender Mensch. Er hatte Maler gelernt und war später Bürgermeister meiner Heimatgemeinde. Meine Mutter sagte oft, dass ich sie an ihn erinnere. Damals wie heute konnte ich eine bestimmte Zahl nicht aus meinem Kopf bekommen. Es ist die Zahl 19. 19 ist das Alter des namenlosen toten Soldaten, von dem Hannes Wader in seinem Anti-Kriegslied „Es ist an der Zeit" erzählt. 19 war auch das Durchschnittsalter der kämpfenden US-Amerikanischen Soldaten im Vietnamkrieg in den 70ern.

∞

Ich sagte zu dir: „Mit 19, also in deinem Alter, wollte ich nicht ein Teil einer Kriegsmaschinerie sein und habe deshalb den Kriegsdienst verweigert. Anstelle zum Bund zu gehen, habe ich Zivildienst in einem katholischen Internat geleistet. Im Nachhinein muss ich gestehen, dass diese Zeit mein junges Erwachsenenleben sehr geprägt hat. Ich war von zu Hause ausgezogen und hatte im Internat mein eigenes Zimmer."

∞

Ich hatte damals das Gefühl, zum ersten Mal nach Schule und Ausbildung wirklich etwas Nützliches zu tun. Ich war „Mädchen für alles" und wurde gebraucht. Als „Zivi" mit Berufsausbildung bekam ich sehr vielfältige Jobs, die mir allesamt Spaß machten. Ich durfte im Rektorat arbeiten, dem Koch in der Küche helfen, mit dem Hausmeister (ich war ja Elektriker) Lampen montieren, Lichtschalter installieren, Teichpumpen reparieren... und ich durfte ganz viele großartige Menschen kennenlernen, mit denen sich echte Freundschaften entwickelten. Wie schon gesagt, es war eine Zeit, die mich geprägt hat und die ich jedem jungen Menschen, heute in Form eines freiwilligen sozialen Jahres, nur empfehlen kann.

Ich habe mich übrigens sehr gefreut, lieber Tim, dass du dich so für diese Themen interessiert hast. Ich erkannte, während wir sprachen, dass ich dir noch nie einen Einblick in diesen Teil meines Lebens gegeben hatte. Okay, das eine oder andere wusstest du natürlich, da manche dieser Freundschaften auch heute noch andauern. Aber was ich damals empfunden und wie mich dieser Abschnitt meines Lebens beeinflusst und geprägt hat, darüber haben wir heute das erste Mal richtig gesprochen.

Ich spürte, dass du nachdenklich und auch stiller wurdest, deshalb lenkte ich das Gespräch wieder zurück auf deine kommende Ausbildungszeit.

Ich erzählte von meiner eigenen Lehrzeit. Davon, dass ich es geliebt habe, etwas „elektrisch Funktionierendes" zu bauen, und wie wir in der Lehrwerkstatt Streiche angestellt hatten. Du hast dich darüber amüsiert, als ich dir erzählte, wie wir Kugellager funkensprühend mit Pressluft beschleunigten und diese dann durch die Werkstatt flitzen ließen. Wie wir die Feilen anderer Lehrlinge mit Fett einschmierten und sie dann nicht mehr funktionierten und wie wir beim freitäglichen Maschinenputzen regelmäßig Ölschlachten „Elektriker gegen Mechaniker" durchführten. Wenn wir erwischt wurden, mussten alle nachsitzen und die ganze Lehrwerkstatt blitzeblank putzen.

∿

Ich berichtete aber nicht nur von Streichen, sondern auch von dem ersten Geld, den neuen und anstrengenden Themen in der Berufsschule, von neuen Freunden, Kollegen und Chefs – und von einem „neuen Leben", dem Berufsleben.

∿

In der Zwischenzeit hatten wir eine Pause dringend nötig und freuten uns auf einen Snack und etwas zu trinken. Lange Zeit kam kein Restaurant mehr und wir hielten verzweifelt Ausschau nach einer Autobahnraststätte. Schließlich tauchte völlig unverhofft das „Flat Hill Cafe" am Wegesrand auf.

Dir gefiel das Café mit seinen weiß gestrichenen Fenstern und dem nach Western-Saloon anmutenden Schild mit der Aufschrift „FLAT HILLS" über der Tür.

Innen gab es eine riesige Kuchentheke mit „homemade cakes" und gutem Kaffee. Alles war sehr freundlich und liebevoll gestaltet. Die Gerichte waren mit Kreide auf schwarzen Tafeln angeschrieben und illustriert. Unsere Augen funkelten und unser Blick traf sich auf der „Food Menü Tafel" genau an der Stelle, wo die Burger standen. Wir bestellten uns jeder einen Burger mit „French Fries", nahmen unsere Nummerntafel mit der Zahl 51 darauf mit und bezahlten an der Kasse.

Der Toilettenstopp, den wir noch einlegten, war ein nicht planbares Meisterstück aus der Rubrik „Zitat trifft Lebensgefühl". Du kennst das sicherlich auch. Manchmal gibt es Momente, die sich anfühlen, als ob eine Stimme zu dir spricht. Es hört sich komisch an, ich weiß. So ging es mir auf der Toilette des Flat Hill Cafe. Ich weiß nicht, ob dir das Zitat dort auch aufgefallen ist.

Dort stand in weißer Schrift auf altgrün gestrichenen Holzlatten:
GO confidently in the direction of your DREAMS
- Henry David Thoreau -

Wir fuhren gut gestärkt und gut gelaunt weiter. In der Zwischenzeit zogen tief liegende Wolken über das Land und manchmal regnete es. Immer wieder schaffte es die Sonne, Teile der Landschaft wie ein Spot zu beleuchten. Sie tauchte die Gegend, die in weiten Teilen von büschelförmigem Tussockgras bewachsen war, in ein magisches Licht.

Bei Waiouru verließen wir dann den SH1 und fuhren den SH49 entlang Richtung Ohakune. Unser Ziel heute war „Whakapapa Village" im „Tongariro National Park". Die 3 mächtigen Vulkane, Ruapehu, Ngauruhoe und schließlich Tongariro, der dem ältesten Nationalpark Neuseelands seinen Namen gab, konnten wir nur erahnen, spürten aber ganz deutlich ihre Nähe und Präsenz. Wir entschlossen uns, die 4 Kilometer extra von Whakapapa Village zum Iwikau Village zu fahren, um über die Wolken zu gelangen und einen Blick auf die „Big 3" werfen zu können.

Und… YES!

∿

Am Ende der kurvigen Bergstraße parkten wir unseren Camper, zogen unsere Wanderschuhe an und wanderten unterhalb des Skiliftes den Berg hinauf. Es war magisch und beeindruckend, welches Naturschauspiel wir am Ende des Tages hier noch geboten bekamen.

∿

Der aus dem Film „Herr der Ringe" bekannte Schicksalsberg, Mount Ngauruhoe, kämpfte sich durch die Wolken und zeigte uns seinen schneegepuderten Gipfel. Wir standen genau an der Wolkenkante, an der immer wieder Nebelschwaden über uns hinweghuschten. Die Sonne schien im Wechsel mit dem Nebel. Er hob und senkte sich immer wieder wie ein Theatervorhang, der uns zu einem Schauspiel einlud, das nur die Natur zaubern kann. Schließlich zog eine sehr große Wolke herein. Die Sonne durchdrang die erste Wolkenschicht und tauchte die Landschaft in ein gelblich leuchtendes diffuses Licht. Eine magische Stimmung inmitten von schwarzem Lavagestein, Büscheln aus trockenen Gräsern, flechtenbewachsenen Steinen und Geröll stellte sich ein und ließ uns andächtig werden in all dieser Stille.

Stimmen von herannahenden Wanderern holten uns in die Wirklichkeit zurück. Wir gingen gemeinsam mit ihnen zum Iwikau Village, wo unsere Camper standen. Dort angekommen, tranken wir zusammen noch ein „Feierabend-Bierchen", plauderten über das Leben und den Weg, den wir alle heute gewandert waren.

Schließlich verabschiedeten wir uns von den fremden Wanderern und machten uns auf den Weg zu unserer Unterkunft, dem „Whakapapa Holiday Park". Wir freuten uns auf unser Abendessen und auf unsere Wandertour am nächsten Tag durch das UNESCO Weltkultur- und Weltnaturerbe, den Tongariro-Nationalpark.

∾

Lieber Tim, vielen Dank für unser heutiges „Fahr-Gespräch" über das Erwachsenwerden.

Ich habe einen Teil meines eigenen Lebens heute mit neuen Augen gesehen, während ich mit dir darüber gesprochen habe. Aber du weißt ja: „Erwachsen – was heißt das schon? Vernünftig – wer ist das schon? Ich bin ich und du bist du…"

Liebe Grüße aus dem Südosten von Mittelerde. Ich freue mich auf das Trekking morgen mit dir.

Dein Papa

PS: Der Ausblick auf die Vulkane war echt atemberaubend und ein wunderbares „Mittelerde-Erlebnis". In der Szenerie haben nur noch Frodo, Sam und Gollum auf ihrem Weg zum „Schwarzen Berg von Mordor" gefehlt, oder? Konntest du die Schritte der 3 im Nebel auch schon hören?

PPS: Der „Schwarze Berg von Mordor", in der Mitte der Hochebene von Gorgoroth, westlich von Saurons Festung Barad-dûr, heißt im Englischen übrigens „Mount Doom[18]".

Erkenntnis des Tages
Gib deinem Sohn emotionale Einblicke in dein Leben. Damit ermöglichst du ihm einen Zugang zu diesem Teil deines Lebens.

Power der Jugend und Ausdauer des Alters

Du glaubst nicht an Gott und trotzdem ist deine Seele tief im Frieden. Du bist kein Philosoph und trotzdem ist Güte, Toleranz und Liebe etwas, das du mich durch dein Tun gelehrt hast. Du bist uneinsichtig und trotzdem erhellt dein Lachen jeden Raum, den du betrittst, und vor allem meine Seele, wenn wir uns sehen.

„Für meinen Vater II" – Andreas Seltmann, *1968

Hallo Papa,

ich bin gerade mit Tim auf der Nordinsel unterwegs und musste heute an meine erste richtige Wanderung mit dir denken. Weißt du noch, wie du mit mir kleinem Knirps meinen ersten „Volksmarsch" gemacht hast? Wir beide, bepackt mit den alten Rucksäcken aus Leinenstoff mit Lederbesatz und den aufgesetzten Taschen dran? Ich hatte ein Butterbrot und du ein Leberwurstbrot dabei. Ich weiß nicht mehr so viel von dieser Tour. Für mich war es ein tolles Erlebnis, mit dir über die Insel Mainau, durch Litzelstetten und am Bodensee entlangzuwandern. Ich weiß noch genau, dass wir einen „Wanderorden" bekommen haben und wie die Medaille ausgesehen hat. An einem blau-gelben Textilband, das ein Metallelement mit einer Nadel trug, hing ein schwerer Metallanhänger, auf dem die Mainau erkennbar war. Was darauf stand, weiß ich nicht mehr; nur, dass ich stolz war und tagelang mit dem Ding an der Brust durch die Gegend lief.

∿

Überhaupt muss ich hier in Neuseeland in den letzten Wochen oft an dich denken und an all die Dinge, die wir gemeinsam erlebt und unternommen haben. Es wurde mir bewusst, dass es ganz viele Dinge waren, die du einfach so im Stillen und ganz selbstverständlich für mich getan hast. Da waren all die Jahre, die du für mich da warst und gearbeitet hast, damit ich studieren konnte. Das Haus, das du für uns gebaut hast, die Autos, die du gefahren hast, die vielen Skiurlaube, die nasse Wiese im Sommer im Freibad (weil wir immer zu den ersten Besuchern gehörten), die Grillabende, die Fußballspiele und die Bluna-Limonade, die ich immer bekommen habe, wenn wir am Sonntag beim Spiel des SV Frohnstetten zusahen.

∿

Nun reise ich mit Tim hier durch Neuseeland, führe mein eigenes Leben und erlebe mit meinem Sohn Abenteuer, so wie du damals mit mir. Ich verdanke deiner Starthilfe, deiner Unterstützung und deiner Lebenszeit, die du in mich investiert hast, kurzum deiner Liebe, sehr viel.

Ich habe dir nie gesagt, dass ich stolz auf dich bin. Stolz auf deine einfache und ehrliche Art, mit der du mir Wurzeln und Flügel gegeben hast. Du warst immer da, wenn ich dich gebraucht habe. Du hast nie gefragt, wieso oder wie etwas passiert ist. Du hast immer nach vorne geschaut und das Beste aus der Situation gemacht. Dafür bewundere ich dich. Du hast nie mit der Vergangenheit gehadert, sondern immer im Hier und Jetzt gelebt. Mir ist heute beim Wandern klar geworden, dass ich dir zwar immer wieder mal Danke gesagt habe, aber dir noch nie aus dem Inneren meiner

Seele für alles gedankt habe. Durch dich bin ich zu dem geworden, was ich heute bin. Ich danke dir von Herzen dafür.

∿

Heute haben Tim und ich hier in Neuseeland zwar keinen Volksmarsch unternommen, aber eine fünfeinhalbstündige Wanderung im Tongaria-Nationalpark auf der Nordinsel Neuseelands. Wir sind früh um 7 Uhr aufgestanden und waren in der Küche des Campingplatzes bereits in bester Gesellschaft. Hier saßen schon die verschiedenen Wandergruppen (meist junge Leute) aus verschiedenen Ländern und besprachen ihren Tag. Man hörte spanische, französische, deutsche und chinesische Wortfetzen durch den Raum fliegen und Namen von Tourenzielen wie „Alpine Crossing", „Round the Mountain Track", „Northern Circuit" oder „Tama Lakes". Auf eine energiereiche und schöne Art war die Stimmung so früh am Morgen richtig lebendig und wuselig.

Da es hier in Neuseeland Spätherbst und damit schon richtig kühl ist, zogen wir uns warm an und machten uns nach dem Frühstück auf zu unserer 17 Kilometer langen Wanderung. Wir wollten zu den Tama Lakes und wieder zurück.

Der Lower und Upper Tama Lake sind 2 Kraterseen zwischen 2 imposanten Bergen hier im Park, dem Mount Ruapehu und dem Mount Ngauruhoe. Die Luft war frisch und die Natur noch still und friedlich. Wenige Menschen waren unterwegs. Jeder hatte sein Ziel. Es ging ein leichter Wind und unser Weg führte uns kurz durch die wenigen Häuser des Whakapapa Village und dann stets ansteigend durch eine weite Ebene aus Tussockgras und alpinen Kräuterwiesen. Der Himmel war zuerst bedeckt, aber der Wolkenvorhang öffnete sich immer wieder und tauchte die Berglandschaft in ein herrliches, klares Morgenlicht. Die erstaunliche Kulisse strahlte einen tiefen Frieden aus, der einzig durch das Plätschern einiger Gebirgsbäche unterbrochen wurde. Am Horizont wiesen uns die beiden schneegepuderten Bergriesen den Weg. Besonders zog mich die kegelförmige Vulkansilhouette des Mount Ngauruhoe in seinen Bann. Wir wanderten auf seinen erloschenen Vulkanfingern und es fühlte sich an wie eine Szene aus Jurassic Park. Es fehlten nur noch die Moas, die flugunfähigen Laufvögel.

Mein Sohn rannte mit der Energie und dem Tempo eines 18-Jährigen auf den schön angelegten Wegen entlang.

∿

Ich genoss die Schönheit der Natur und mir wurde klar, dass die Ausdauer des Alters zu dieser frühen Tageszeit nicht mit der Power der Jugend konkurrieren konnte. Der Satz „Warte oben auf mich!" wurde an diesem Tag geboren und entlockte uns heute und an den folgenden Tagen immer wieder ein Schmunzeln. Aber irgendwie hatte dieser Satz auch eine tiefere Bedeutung, stand er doch auch für unsere Vater-Sohn-Beziehung, in der jeder seinen Weg und sein Tempo gehen konnte und wir immer wieder aufeinander warteten.

Der größte Teil des Weges verlief durch eine weite Landschaft aus Tussockgras, bis sich der Trail gabelte und links zu den Tama Lakes abzweigte.

Ich sah Tim schon oben winken und folgte dem nun wenig befestigten Weg hinauf zum ersten der beiden Seen. Der Wind hier wurde stärker und pfiff uns um die Nase, sodass wir unsere Mützen tiefer ins Gesicht zogen.

Mitten in einem Nebenkrater in dieser Vulkan-Geröll-Landschaft lag, etwas unspektakulär, der Lower Lake, dessen Farbe in einem schönen tiefen Blau schimmerte.

Ich fröstelte und zog meine Windjacke aus dem Rucksack, worauf Tim, der „Tempomacher", spöttelte:

„Du hast den halben Koffer in deinen Rucksack gepackt. Kein Wunder, dass du so langsam bist und schnaubst wie eine Dampflokomotive!"

„Die Challenge nehme ich an – ICE gegen Dampflok. Wer zuerst am Upper Lake ist." Ich hatte den Satz noch nicht ganz zu Ende gesprochen, da war Tim mir schon 10 Meter voraus.

Es war klar, dass ich diese Challenge nicht gewinnen konnte. Umso mehr stellte sich dann am Abend heraus, dass die Kraft der Jugend endlich war und die Ausdauer des Alters gesiegt hatte. Als es darum ging, zu kochen und den weiteren Reiseverlauf zu planen, hatte ich den längeren Atem …

∽

Tim wartete oben auf mich und hatte für uns bereits einen windgeschützten Platz für unsere Gipfelpause gefunden. Mit dem Daumen nach oben zeigend, grinste er mich an und seine strahlenden Augen machten auch mich glücklich. Ich nahm mein „Riesenbaby" mit über 1,90 Meter in meine Arme. Wir genossen unsere Sandwiches und den wunderschönen Ausblick auf den Upper Lake. Auf seiner Oberfläche kräuselte sich der Wind und zauberte türkisfarbene Schattierungen in das tiefblaue Wasser.

Hier oben, „on the top of the roof", war es trotz einer gewissen Monotonie durch die schwarzen Lavasteine beeindruckend schön, und wir waren im Frieden mit uns und der Welt. Weit hinten am Horizont, in westlicher Richtung, konnte man den Gipfel eines ehemaligen Vulkans, des Mount Taranaki erkennen. Wenn wir uns anstrengten, sahen wir auch den Ausgangspunkt unserer Tour, erkennbar am blauen Dach des edel anmutenden Chateau Tongariro Hotels. Der Wind frischte auf, die Wolken zogen zu und das Wetter wechselte auf ungemütlich. So verabschiedeten wir uns vom schwarzen Bergrücken des Mount Ngauruhoe und traten unseren Rückweg an. Die Landschaft, die nun in eine Mischung aus Braun-, Ocker-, Grau- und Schwarztönen getaucht war, hatte auch bei diesem Wetter eine besondere Ausstrahlung und Magie.

Wir folgten dem Weg, der sich durch die Steppe schlängelte. Unser Schweigen hatte schon fast etwas Meditatives.

Ein kleiner Stolperer brachte mich in die Wirklichkeit zurück. Tims Kräfte ließen nach, ich schloss zu ihm auf und wir liefen nun weite Strecken des Rückweges gemeinsam. Nach einer Weile des „Hintereinander-Herlaufens" folgte ich einem übermütigen Impuls und joggte an meinem Sohn vorbei.

Laut lachend ließ er es geschehen, zückte sein Handy und filmte die ulkige Szene. Die Idee der „Neuseeland-Running-Videos" war geboren. Wir machten uns fortan immer wieder einen Spaß daraus, uns gegenseitig zu filmen, wie wir an der einen oder anderen Sehenswürdigkeit und Szenerie Neuseelands vorbeirannten.

Auf unserem Weg zum Whakapapa Village passierten wir die sehr schön gelegenen 20 Meter hohen Taranaki Falls und legten dort eine Pause ein, bevor wir den letzten Abschnitt unseres Rückwegs in Angriff nahmen. Auf einem tollen Bushwalk kamen wir schließlich zurück an unseren Ausgangspunkt und waren nach 17 Kilometern Wegstrecke und fünfeinhalb Stunden Gehzeit müde und glücklich.

〜

Zurück im Camper traf ich eine Entscheidung: Ich wollte diese 105 Kilos nicht mehr auf meinen Rippen mit mir herumschleppen. Ich wollte nicht mehr keuchend wie eine Lokomotive durch die Welt stampfen. Mit diesem Entschluss im Sinn und Bärenhunger im Bauch kochte ich unser Abendessen. Mein energiegeladener Sohn fiel derweilen in einen tiefen Schlaf und ließ sich zum Abendessen nur mit großem Rütteln und Schütteln wieder wecken.

„Ich warte dann oben beim Abendessen auf dich", sagte ich und grinste.

∼

Lieber Papa, du warst mir stets ein Heimathafen und deine Liebe hält mir bis heute den Rücken frei. Vielen Dank für das Vaterfundament, das du mir gegeben hast. Danke, dass du mich beim Bauen meines Lebens stets meine eigenen Erfahrungen hast machen lassen. Danke für deine Hilfe beim Tapezieren und beim Wändestreichen. Danke für deine unsichtbare sichernde Hand, die immer zur Stelle war, auch wenn ich bisher noch nie von der Leiter gefallen bin.

Danke für deine Lebenszeit mit mir. Sie ist die Vater-Sohn-Schatztruhe, aus der ich nun selbst als Vater schöpfe.

Dein Sohn Andreas

PS: Auf jeden Fall musst du mir bei unserer nächsten Begegnung die Medaille von der Mainau zeigen. Ich lade dich dann auch zu einer Bluna ein.

Erkenntnis des Tages
Irgendwann ist dein Sohn schneller, ausdauernder und vielleicht sogar cleverer als du. Lasse es zu und trag es mit Würde. Sei stolz auf ihn und gönne ihm den „Sieg über dich" von Herzen.

Selbst ist der Sohn

Die Welt gehört dem, der in ihr mit Heiterkeit und nach hohen Zielen wandert.

Ralph Waldo Emerson, 1803–1882

Hallo Holger, du alter Sack,

ich sitze gerade bei sonnigen 15°C in Taupo auf einem grauen Campingstuhl, trinke gemütlich einen Schwarztee mit Milch und schaue dem geschäftigen Treiben meines Sohnes zu. Tim hat sich gerade seinen Wäschesack geschnappt und will getreu dem Motto „Selbst ist der Mann" Wäsche waschen. Ich musste dabei unweigerlich an dich denken, denn in Indien ohne „deutschen Luxus" zu leben, heißt für dich sicherlich ebenso „Selbst ist der Mann", oder?

∞

Da du dich in unserer Freunde-Gruppe sehr rar gemacht hast, weiß ich gar nicht, ob du überhaupt weißt, dass ich mit Tim gerade in Neuseeland unterwegs bin. Wie es dazu gekommen ist und was wir so alles bisher erlebt haben, muss ich dir in aller Ruhe einmal gesondert schreiben oder erzählen. Bist du irgendwann einmal wieder in Deutschland?

∞

Kannst du dich noch an unsere ausgiebige Diskussion über Inkarnationsriten vor deiner Abreise nach Indien erinnern? Wir waren uns einig, dass uns diese im heutigen Europa verloren gegangen sind und dass Jungs heute einfach so von einem Tag auf den anderen Männer sein müssen.

Ich kann mich noch daran erinnern, dass wir uneinig waren, ob die Konfirmation oder Kommunion ein solches Ritual ist oder nicht. Mittlerweile denke ich, dass jedes noch so kleine Ritual ein wertvolles Ritual ist. Denn „Lebensübergänge" sind Schwellen und damit immer verbunden mit Unsicherheiten. Jenseits der Schwelle ist ein neuer Raum. In diesem neuen Raum gelten die bisherigen Muster nicht mehr. In diesen „Schwellen-Phasen" der Unsicherheit ist es wichtig, dass wir als Väter „der Fels in der Brandung" sind und als Bezugsperson Sicherheit geben. Das soll nicht heißen, dass wir unseren Kindern keine Verantwortung geben – ganz im Gegenteil: Verantwortung gibt Kraft! Aber wir müssen sie sichern, denn wir sind in unserer „Vater-Sohn-Seilschaft" derjenige, der das Gelände kennt, das Seil auf Zug hält und sie vor dem Absturz bewahrt.

Je länger ich darüber nachdenke, desto mehr Übergänge im Leben fallen mir ein. Das kann der Schulwechsel, der Ausbildungs- oder Studienbeginn sein, der Führerschein, die erste eigene Wohnung, die erste Freundin, der 18. Geburtstag und so vieles mehr. Es wäre schön, wenn wir uns irgendwann wieder einmal darüber austauschen könnten.

∼

Gerade kam Tim zurück zum Camper und fragte mich, was „Spin Dryer" eigentlich heißt. Die anderen Geräte seien besetzt und er wollte nun dieses benutzen. Ich zwinkerte ihm zu. „Waschen vor dem Trocknen ist die bessere Alternative."

Woraufhin er kurzerhand ein paar weniger dreckige Wäschestücke im Waschbecken wusch und diese dann in den Trockner schmiss. Seine Wäsche hat er dann am anderen Ende des Campingplatzes gewaschen, wo im 2. Waschraum noch eine Waschmaschine frei war. Für mich war es interessant und sehr unterhaltsam, mit anzusehen, wie mein Sohn diesen Vormittag zwischen den Waschräumen pendelte, Waschmittel und Wechselgeld organisierte, Wäsche auf- und abhing, checkte, welcher Automat wann fertig war, und seine eigenen neuseeländischen Wäscheerfahrungen machte.

Das war doch eine tolle Erfahrung, alleine am anderen Ende der Welt, ganz ohne Mama. Als Tim mit seiner Wäscheaktion fertig war und sich wieder zu mir an den Campingtisch setzte, spöttelte er: „Ich kann etwas, was du nicht kannst, und das ist Wäsche waschen!"

„Mag schon sein", gab ich zu, „aber wenn es sein muss, könnte ich das auch. Ich muss aber nicht, da deine Mutter und ich uns die Arbeiten zu Hause aufteilen und sie die Wäscheabteilung leitet."

Tim wollte mich herausfordern: „Heute sind die Waschmaschinen aber digital und nicht mehr wie früher. Sie denken mit und es gibt viele unterschiedliche Programme!" Zufrieden lehnte er sich zurück. „Die Technik ist eine andere."

„Aber die Jeans sind noch dieselben und deine ist heute kleiner geworden!" Ich grinste.

„Oh, schei… ich glaube, du hast recht, ich hätte sie vielleicht doch nicht mit den Handtüchern in den Trockner werfen sollen!"

Mein Grinsen wurde breiter, als ich vorschlug: „Du kannst immer noch eine Bermudahose daraus machen. Soll ich die Schere holen?"

∼

Auf jeden Fall entschied Tim, die restliche Wäsche der natürlichen Trocknung auf der Leine anzuvertrauen. Wir machten uns auf den

Weg, um noch ein paar Attraktionen hier am größten See Neuseelands, dem Lake Taupo, zu besuchen.

∿

Unsere erste Station waren die „Huka Falls". Beim Anblick der herunterdonnernden Wassermassen des Waikato Rivers musste ich unweigerlich an den Rheinfall in Schaffhausen denken.

Es ist witzig, dass wir bis an das andere Ende der Welt reisen, um etwas zu sehen, was es zu Hause auch gibt. Wir staunten dann aber doch nicht schlecht, denn hier presste sich das Wasser 100 Meter lang durch eine enge Schlucht, die nur 15 Meter breit ist und einen Höhenunterschied von 25 Metern aufweist. In Kaskaden fließen hier durchschnittlich 220.000 Liter in einer Sekunde durch, bevor sie am Ende, wie aus dem Monstermaul eines riesigen Wasserspeiers, 11 Meter in die Tiefe stürzen.

Das Wetter war sonnig und nur wenige Wolken waren am Himmel zu sehen. Es war ein schöner Herbsttag und nur wenige Besucher waren hier an der meistbesuchten Naturattraktion Neuseelands. Tim, der auch sichtlich beeindruckt war, bestaunte dieses Spektakel von einer der Aussichtsplattformen und ich beobachtete, wie er immer wieder von Asiaten gefragt wurde, ob er ein Bild von ihnen vor den Huka Falls machen könnte. Als ich zu ihm hinüberlief, begrüßte er mich dann auch gekonnt mit einem gut parodierten „China-Englisch" und den Worten: „Ooooh, what a wounderful loooookout, can yuuuuh please do a picture fromm meee and my father?"

Wir beide mussten so lachen, dass wir beinahe die Huka Falls übertönten und selbst zur Attraktion geworden wären.

∿

Da wir noch eine weitere Sehenswürdigkeit, die „Craters of the Moon", anschauen wollten, machten wir uns auf den Weg und ließen das Donnern des Wassers und die schäumende Gischt der Falls hinter uns zurück. Schnell wurde es ruhiger und wir suchten uns unseren Weg zu den Mondkratern. Dort angekommen, entschlossen wir uns, den „45-Minute-Geothermal-Walk" zu gehen. Gleich am Anfang wurden wir von einem sehr freundlichen Park-Ranger angesprochen und mit den Sicherheitshinweisen vertraut gemacht. Er begegnete uns mit gewohnt neuseeländischem Humor, als wir ihm sagten, woher wir kommen: „Oh, Germany!… We haven't had any Germans since 10 minutes."

Wir schauten uns an und lachten herzlich. Der Ranger erzählte uns, dass viele Deutsche Neuseeland bereisen und dass gerade bei ihm zu Hause ein Schüler aus Deutschland wohnt, der in der Schulklasse seines Sohnes ein Jahr hier zur Schule geht.

Wir starteten den 3 Kilometer langen Rundweg durch die dampfende und nach Schwefel riechende Heidelandschaft. Überall brodelte es aus dem Boden und Wasserdampfschwaden stiegen in den wolkendurchzogenen Himmel. Immer wieder hielten wir an und bestaunten die eingestürzten Krater und Pools. Neben Steinen in den verschiedensten Sedimentfarben schafften es erstaunlicherweise auch Pflanzen zu existieren.

∿

Den Schwefelduft in der Nase, fuhren wir zurück auf unseren Campingplatz und hüpften mit einem gepflegten „Macs Sassy Red Amber Ale" ausgestattet in den Geothermal Pool unseres Campingplatzes. Ein kühles Bier im heißen Thermalwasser ist schon etwas Tolles!

∿

Mein lieber Freund, ich hoffe, es geht dir und deinen Lieben gut und du fühlst dich wohl in deiner temporären Wahlheimat Indien. Schau doch mal vorbei, wenn du wieder in Deutschland bist.

Ach ja, wenn wir demnächst zurückfliegen, fliegen wir wieder über Indien. Ich werde dir kräftig winken, halte also Ausschau nach einem blinkenden Flugzeug am Abendhimmel… ich denke an dich!

Hei konā rā (auf Wiedersehen auf Maori),
Dein Freund Andreas

PS: Irgendwie ist unsere Vater-Sohn-Reise auch eine Art „Kindheitsabschieds-und-Erwachsenen-Aufnahmeritual", oder? Tim beweist sich mehr und mehr und ich trete als Beschützer und Vater in den Hintergrund. Ich nehme immer stärker die Rolle des Freundes und Beraters ein. Toll ist es, täglich zu sehen, dass er bereit ist, in der Welt der Erwachsenen zu bestehen.

Erkenntnis des Tages
Nutze die „Schwellen-Phasen" im Leben deines Sohnes, um erinnerungswürdige Übergänge zu zelebrieren und um ihm Sicherheit zu geben.

Ein kühles Ale mit Frodo und Sam

Von einer Reise mit deinem Sohn nimm nur Erinnerungen mit und hinterlasse nichts außer Fußspuren.

Andreas Seltmann frei nach Chief Seattle

Lieber Frodo, lieber Sam,

es ist so weit: Morgen komme ich mit meinem Sohn Tim ins Auenland. Wir sind nur noch eine Tagesreise von euch entfernt. Wisst ihr noch, wie wir uns kennengelernt haben? Vor langer Zeit, ich war noch ein Jugendlicher, habe ich die Bücher eures geistigen Vaters J. R. R. Tolkien zum ersten Mal gelesen. Leider dauerte es dann ziemlich lange, bis wir uns im Kino wiedergetroffen haben. Nun sind wir hier in Mittelerde und brausen mit unserem Camper auf dem „Thermal Explorer Highway" in Richtung Rotorua.

Es ist aufregend, euch nach so langer Zeit wiederzutreffen, zusammen im Green Dragon ein kühles Ale zu trinken und ein gutes Pfeifenkraut zu rauchen. Habt ihr noch Kraut aus Eriador, dem Südviertel? Oder soll ich noch etwas aus Bree mitbringen…?

∞

In dieser Ecke von Mittelerde ist die Erde noch sehr aktiv. Überall dampft es, liegen schwefelige Gerüche in der Luft und buntes

Vulkangestein ist allgegenwärtig. Graue, kochende Schlammlöcher mit orange-gelben Sedimenträndern blubbern vor sich hin. Die Gegend hier um Rotorua ist ein echtes „Geothermal Wonderland" und auf seine ganz eigene Art etwas anderes als die bisherigen Landschaften, die wir bereits erkundet haben. Diese bewegte äußere Welt lässt mich mehr und mehr auch innerlich in Bewegung kommen und ich frage mich immer öfter, wohin mich diese Reise führen wird. Wo ist mein Weg? Was ist meine Bestimmung?

Ich weiß, dass ihr euch diese Fragen bei euren Reisen und Abenteuern auch oft gestellt habt. Ihr wart oft kurz davor, umzukehren, aber ihr habt es nie getan. Wie geht es eigentlich Peregrin und Meriadoc? Vielleicht treffen wir die beiden morgen ja auch?

༺༻

Tim und ich waren tief beeindruckt von der urzeitlichen Schöpfungs-Atmosphäre, die hier in der Luft lag. Wir fragten uns, ob wir nicht noch länger hier in dieser Gegend bleiben sollten. Fasziniert, aber zunächst noch unentschlossen, unternahmen wir eine ausgedehnte Fotosafari durch das „Thermal Wonderland von Wai-O-Tapu" und entschieden uns dann, weiterzufahren in Richtung Matamata. Wai-O-Tapu ist schon ein besonderes, fast unwirkliches Fleckchen Erde. Neben zahlreichen kollabierten Vulkankratern sind dort einige geothermale Teiche sehenswert. Mich hat vor allem der orange-türkisfarbene Champagne Pool und der schwefelgelb umrandete Oyster Pool fasziniert. Der Erstere fördert bis zu 74 °C heißes Wasser empor und lässt dieses verdampfen. Zeitweise konnte ich das andere Ufer des Teiches nicht erkennen. Die Pools, die kochenden Wasserfälle, die farbigen Ausfällungen von Mineralien, welche Felsen, Gestrüpp, Tümpel, Teiche und Seen in den unterschiedlichsten Farben erscheinen lassen, machten Wai-O-Tapu für mich zu einem Ort, wie ich ihn noch nie zuvor auf der Welt gesehen habe.

Orks haben wir keine gesehen und das war auch gut so. Irgendwie hätten diese Kreaturen aber an diesen Ort gepasst, kratzte doch der Gestank von Schwefel sehr in Nase und Hals. Tim hielt es irgendwann nicht mehr aus und ging zurück zu unserem Camper, programmierte die „501 Buckland Road, Hinuera, Matamata" in unser Navi ein und war bereit, als ich zurückkam.

Unser „Mobile Home" mit seinen fast 240.000 km auf dem Buckel war uns mittlerweile ans Herz gewachsen und schüttelte sich, als ich den Dieselmotor startete, um das „Land der heißen Quellen" zu verlassen. Kilometer um Kilometer tauchten wir ein in üppiges Weideland, grüne Weiden und sanfte Hügel. Uns wurde schnell klar, warum Sir Peter Jackson diese für seine Milchviehwirtschaft und prachtvollen Vollblutpferde bekannte Gegend als Kulisse für Hobbingen und das Auenland ausgewählt hatte.

Da wir ein paar Pausen auf dem Weg zu euch einlegten, kamen wir erst gegen 16:15 Uhr am Parkplatz des Shire's Rest Cafe an.

Bevor wir mit unserem Camper einen tollen Parkplatz fanden, mussten wir noch einem dragonergrünen Bus mit der Aufschrift „Hobbiton Tours" Vorfahrt gewähren. Shirley, die ein Schild mit der Aufschrift „Hobbiton Event Manager" trug, erklärte uns keine 2 Minuten später, dass das soeben der letzte Bus heute zu euch gewesen war. Enttäuscht darüber, euch heute nicht mehr sehen zu können, beratschlagten wir, was wir nun hier inmitten der üppigen Schafweiden machen sollten. Shirley, eine nette junge Frau, sah uns die Enttäuschung an und lud uns zu einer Tasse Tee ein. So genossen wir zumindest noch ein wenig die Abendstimmung.

Es war inzwischen 17 Uhr und wir wussten ja, dass es um 18 Uhr stockdunkel sein wird. Wir überlegten und checkten das Wetter für die folgenden Tage. Als wir sahen, dass eine Regenfront aufzog, war uns schnell klar, dass wir nicht zurück nach Matamata fahren wollten, um am nächsten Tag wieder hierher zu tuckern. Der Parkplatz mit seinen Campern und Autos leerte sich mehr und mehr und als nur noch wenige Menschen „ums Haus herum" waren, sprach ich Shirley an, ob es möglich wäre, ausnahmsweise hier auf dem Parkplatz zu übernachten. Shirley erklärte uns freundlich, dass das eigentlich nicht gewünscht sei.

Die Infrastruktur und die Sicherheitsanlagen für Übernachtungen von Campern wie uns müssten deutlich ausgebaut werden, wenn das jeder so machen würde.

Aber dann machte sie eine Ausnahme für uns, weil sie unsere Vater-Sohn-Reise toll fand. Mit Freude im Bauch ging ich zurück und erzählte Tim die Neuigkeit.

Mein Sohn erzählte mir, dass er sich vorher mit Shirley unterhalten hatte. Sie hatte ihn auf sein „Father-and-Son-Tour-T-Shirt" angesprochen, das er trug.

∿

Auf unsere T-Shirts wurden wir übrigens häufig angesprochen. Wir ernteten oft ein Lächeln oder freundliche Wünsche wie „Take care and have fun" oder „keep on going – together strong". Einmal fragte uns eine ältere Dame, ich glaube eine amerikanische Touristin, ob sie ein Foto von uns beiden machen darf. Sie wollte das Bild ihrem Sohn schicken, um ihm den Impuls zu geben, so eine Tour auch einmal mit seinem Sohn zu unternehmen.

Das Shirt trugen wir auch, als Tim seinen 18. Geburtstag feierte. Er wurde ja hier in Mittelerde volljährig. Bei euch Hobbits ist das ja erst mit 33 Jahren der Fall …

Nun aber kochten wir uns erst einmal in unserer mobilen Camperküche auf dem Parkplatz des Shire´s Rest Café unser Abendessen – Spaghetti mit Schinken-Käse-Soße. Das ist einfach, aber lecker. Lieber Sam, das hätte dir bestimmt auch gut geschmeckt…

∿

Am nächsten Tag waren wir die frühesten Besucher am Ticket Center. Wir buchten uns die erste Tour und um 9 Uhr ging es los. Noch war das Wetter einigermaßen schön und unsere Vorfreude, euch zu sehen, war riesig!

Mit klopfenden Herzen stiegen wir in einen der dragonergrünen Busse. Kim, unser weiblicher Hobbiton-Guide, begrüßte frohgelaunt unsere kleine „Early-Bird-Gruppe" mit den Worten: „Welcome to the Alexander family sheep farm – a real middle-earth experience is waiting for you today."

Neben uns im Bus saßen Tom und Heike, ein Geschwisterpaar aus Mannheim. Tom erzählte mir, dass er ein echter „Lord of the Rings"-Fan sei und Heike bestätigte uns, dass er alle Dialoge der Trilogie auswendig konnte. Lachend stiegen wir aus dem Bus und folgten Kim, die uns entlang eines Kiefernhains über eine Brücke auf schmalen Hobbitpfaden „into the garden" zu eurem Heimatdorf führte.

Als Tom begann, Dialoge aus den Filmen zu zitieren, uns alles über die einzelnen Hobbithäuser zu erklären und schließlich wiederholte, was Gandalf zu Sam gesagt hatte, als er euch beide in „The Fellowship of the Ring" nach Bree ins Wirtshaus zum tänzelnden Pony schickte, da wussten wir, dass er wirklich ein großer Fan war und seine Schwester nicht übertrieben hatte. Wir trennten uns, um den Anschluss an Kim nicht zu verlieren. Am Ende trafen wir uns dann im Green Dragon bei einem Bier aus dem Steinkrug wieder.

Leider haben wir dich, Frodo, und dich, Sam, heute nicht angetroffen. Ich habe aber mit Tim zusammen noch ein Foto vor Frodos gelbem Haus mit der dunkelgrünen Tür gemacht und eines vor Sams Haus mit der gelben Tür, um euch zu beweisen, dass wir auch wirklich hier gewesen waren.

Ach ja, der Party-Baum mit seinen Lampions und seinem Festschmuck sieht in Wirklichkeit noch besser aus als im Film und der „Green Dragon" ist ja echt der Hammer! Auf Schritt und Tritt hörte ich den „Sound of the shire" in meinem Kopf – und da war es wieder, das Gefühl, in Mittelerde zu stehen und Teil einer anderen Welt zu sein.

∼

Hier inmitten dieser sanften Hügellandschaft mit den liebevoll und perfekt inszenierten Erdhöhlen-Häuschen, den bunten runden Eingangstüren, vor denen Holzstapel, Kürbisse, Weinkrüge und Blumenkübel standen, wurden wir für eine kurze Zeit selbst zu einem Hobbit. Die kleinen Tische und Bänke vor den Häusern waren gedeckt, Vogelhäuschen und Zwiebeln hingen neben den Türen, Licht brannte, Rauch stieg aus den Kaminen, eine Axt steckte im Spaltklotz und Wäsche hing zum Trocknen auf der Leine ... alles war lebendig!

Entlang der Hobbit-Höhlen gingen wir den „Hobbiton Hill" hinunter, vorbei am Festplatz zur alten Mühle. Am Party-Baum lehnte eine Leiter und das gelbe Stoffdach des Festzelts überdachte eine Holzbank. Rauch stieg aus den 3 Schornsteinen des reetgedeckten Pubs Green Dragon. Seine Lage am See und seine gelbe Fachwerkfassade mit ihren runden Fenstern machten richtig Lust, hier ein abschließendes Ale zu genießen.

Über die gebogene Steinbrücke neben der Mühle spazierten wir auf den Eingang des Wirtshauses zu und traten ein. Wir stellten unsere Wanderstöcke in den vorgesehenen Holzeimer zu den anderen wundervoll geschnitzten Stöcken. Danach stellten wir uns an, um unser ersehntes Bier zu bestellen. In dunkelbraunen Ohrensesseln, neben dem offenen Kamin, genossen wir die berührende Atmosphäre dieses Ortes und verfielen zusammen mit Heike und Tom ins Träumen.

Kim brachte uns mit einem freundlichen und liebevollen „Time to say goodbye to Bilbo, Frodo and Sam" ins wirkliche Neuseeland und anschließend zum Bus zurück. Inzwischen regnete der Himmel Abschiedstränen und 1.000 kleine Tropfen zauberten 1.000 Kreise auf den See vor der Mühle. Eine Vogelscheuche tropfte völlig durchnässt am Wegesrand vor sich hin und winkte uns zum Abschied zu. Wir schlossen hinter uns gedanklich die dunkelgrüne runde Holztür des Hobbiton Movie Set und setzten unsere „Fellowship of Father & Son Tour" fort. Zuvor verabschiedeten wir uns noch von Heike und Tom mit einem: „Tschüss… und vielleicht sehen wir uns ja auf unserer Reise durch Mittelerde noch mal wieder."

Nun denn, ihr Freunde aus Mittelerde, ich wünsche euch weiterhin ein Überdauern in den Köpfen, Sehnsüchten und Geschichten der Menschen. Ich wünsche mir, dass sich viele Menschen durch eure Geschichte kennenlernen und ein paar schöne Stunden miteinander verbringen. Ich freue mich, dass ich gemeinsam mit meinem Sohn bei euch im Auenland war.

Im Film lehrt ihr die Zuschauer, dass man seinem Schicksal nicht entkommen kann und ihm ins Auge sehen muss. Ihr beide habt große Taten vollbracht und die Welt von Mittelerde gerettet. Der eine hätte es ohne den anderen nicht geschafft. Ich glaube, so ist es auch bei Tim und mir.

Ein neuer Tag, ein neues Ziel liegen vor uns.

Lebt wohl, ihr Gefährten.

Anor feanol a sîdh uireb!
(Elbisch für: Strahlende Sonne und ewigen Frieden!)

Atenio, a le tiriel.
(Elbisch für: Auf Wiedersehen, und seid wachsam.)

Dein Freund und Fan

Gorbadoc Chubb

(= Andreas Seltmann laut „Hobbit Name Generator" siehe https://www.namegeneratorfun.com/hobbit-name-generator)

PS: Wir sind vor ein paar Tagen am Fuße und auf dem Bergrücken des Schicksalsberges gewandert. Ein sehr beeindruckendes Erlebnis. Zum Glück mussten wir nicht einen Ring in dessen feuriges Inneres werfen und es waren auch keine Orks, Uruk-hai oder Nazgûls unterwegs…

> **Erkenntnis des Tages**
> Halte nicht zwanghaft an Plänen fest. Das Leben ist voller Überraschungen – und Pläne sind Vorstellungen aus der Vergangenheit. Sei agil und fröhlich, denn Chancen, die plötzlich um die Ecke biegen, sind oft Initialzündungen, die etwas Tolles in Bewegung bringen.

Mama feiert ohne uns

Ein Licht geht von der Mutter aus, das von keiner Dunkelheit und noch viel weniger von einem anderen Licht in der Welt überwältigt werden kann.

Wilhelm Raabe, 1831-1910

Liebe Claudi,

heute ist ein besonderer Tag und du wartest sicherlich auf unseren Anruf, oder? Da wir euch hier 12 Stunden voraus sind, stehen wir schon mit beiden Beinen im neuen Tag, besser gesagt im Regen, während ihr noch seelenruhig schlummert.

Tim und ich sind gerade auf der Nordinsel in der Nähe von Auckland unterwegs. Genauer gesagt, sind wir aktuell auf dem Campingplatz des „Holiday Park – Hot Water Beach" auf der Coromandel-Halbinsel, ungefähr 55 Kilometer östlich von Auckland.

Leider bekommen wir ausgerechnet heute, an unserem „Pausetag", mehr Wasser von oben ab, als uns lieb ist. Die Attraktion wäre hier, wie der Name dir vielleicht ja schon verraten hat, ein Warm-Wasser-Strand. Das heißt, dass es hier tatsächlich am Strand unter dem Sand Thermalquellen vulkanischen Ursprungs gibt. Diese kann man bei Niedrigwasser „angraben". Man hat dann seinen eigenen Warm-Wasser-Pool direkt am Meer. Wir hofften, dass der Regen nachlassen würde und wir doch noch an den Strand gehen könnten. Allerdings mussten wir auch die Gezeiten beachten. In unserem Fall waren wir auf die Ebbe angewiesen.

∾

Wir beschlossen, den Regen zu ignorieren und den Tag mit einem ausgiebigen Frühstück zu beginnen.

Nach einem leckeren „New Zeeland Brunch" im Aufenthaltsraum des Campingplatzes mit Tee, Toast, Himbeermarmelade, Rührei, Bacon, Cornflakes und Kiwisaft waren wir gut gestärkt, um dem Wetter zu trotzen. Das dachten wir zumindest.

Tim war den ganzen Morgen schon sehr still gewesen und ich dachte, dass es am Dauerregen und den tief hängenden Wolken lag. Im Camper zurück, wirkte er immer noch traurig.

„Hey, what's up?", fragte ich ihn schließlich.

„Ach, es ist nichts", antwortete Tim zuerst, aber dann gab er doch zu, dass du ihm heute fehlst.

„Ich bin dieses Jahr zum ersten Mal an meinem Geburtstag, an Mamas Geburtstag und am Muttertag nicht zu Hause. Das ist total komisch. Irgendwie gleichzeitig toll und schade in einem, wie ein Feuerwerk ohne Geräusche – sieht schön aus und doch fehlt etwas ganz Wichtiges."

Tim blickte zuerst gedankenverloren aus dem Fenster in den Regen und dann mit einem gezwungenen Lächeln zu mir herüber.

Ich setzte mich zu ihm und klopfte ihm auf die Schulter. „Hey mein Großer, das sind ‚Nabelschmerzen' und das ist okay. Du bist mit deiner Mutter verbunden – dein ganzes Leben lang. Manchmal fühlst du das mehr und manchmal weniger. Auf dem Weg in dein Erwachsensein ändert sich auch die Beziehung zu deiner Mutter. So wie die Beziehung zu mir sich verändert. Und, weißt du was? Mama zu vermissen, macht sie ganz besonders wertvoll, oder?"

Das Geräusch des Regens auf dem Dach des Campers war monoton. Die große weiße Wolke, hier in Aotearoa, war heute eine sehr große graue Wolke mit viel Regen darin. Mein Buch von Joachim Bauer „Das Prinzip Menschlichkeit" war spannend, aber die Enge des Campers und der Dauerregen begannen mir aufs Gemüt zu schlagen. Ich war kurz davor, in ein Stimmungsloch zu fallen, als Tim das Gespräch wieder aufnahm und meinte: „Heute habe ich in mein Reisetagebuch geschrieben: Reisen ist Freiheit mit allen Vor- und allen Nachteilen. Frei sein heißt, sich selbst zu organisieren, und heute bin ich dran."

„Was heißt, heute bin ich dran?", wollte ich wissen. „Das heißt, dass ich diesen Tag heute organisiere, auch wenn er trüb ist und noch trüber werden sollte!"

Ich war erleichtert. „In Ordnung, das passt gut. Ich war kurz davor, schlechte Laune zu bekommen. Du bist meine Rettung in letzter Minute."

Tim organisierte für jeden von uns einen Spaten und so spazierten wir eine gute halbe Stunde später in unseren Regenklamotten den kleinen Pfad durch nasse Büsche und Hecken herunter an den Strand. Wir waren noch etwas zu früh dran und eine kleine Furt, die wir nicht so einfach überspringen konnten, versperrte uns den Weg. Tim fand eine Stelle, wo wir durchwaten konnten. Dazu mussten wir aber Schuhe und Hose ausziehen. Du kannst dir nicht vorstellen, was für ein Bild wir beide abgegeben haben. In Regenjacke und Unterhose, Schuhe und Hose zusammengerollt, beide Hände über dem Kopf, wateten wir, wie eine Spezialeinheit, durch den kleinen Bach. Die Strömung war stark, und als ich auf einen wackeligen Stein trat und dieser unter meinem Gewicht wegrutschte, ruderte ich kurzzeitig wie ein Hulatänzer im Wasser hin und her. Mit höchster Konzentration ging es Schritt für Schritt durch die kleine

Untiefe weiter. Schließlich zeigte sich der „heißeste Strand der Welt" im Sauwetter von seiner schlechtesten Seite und die Sonne ließ sich hartnäckig nicht blicken. Im Gegenteil, der Wettergott setzte erneut an, die Schleusen des Himmels weit zu öffnen. Der Wind brauste auf und die Wellen hier im Hauraki Gulf, einer großen Bucht, rollten und grollten kraftvoll und unermüdlich an den Strand. Im Regen konnten wir ein paar vorgelagerte Inseln erkennen, die aber gleich wieder im Regenvorhang verschwanden. Mein Sohn schaute regendurchnässt zu mir herüber und befahl „den sofortigen Rückzug". Das war echt ein Erlebnis der anderen Art – leider nicht das, was wir uns erhofft hatten. Der Wille war stark, aber das Sauwetter war stärker. Wir werden dir leider kein Bild von „deinen beiden Männern", Schampus trinkend und auf dich anstoßend, in einem Hot-Water-Pot am Sandstrand von Coromandel schicken können.

∾

Zurück am Camper, verriet Tim, dass er bereits für einen Plan B gesorgt und an der Rezeption die DVD von „Herr der Ringe – Die zwei Türme" ausgeliehen hatte.

„Die 2 Türme sind heute aber sehr durchnässt und brauchen einen warmen Tee und eine warme Decke, um wieder aufzutauen", lachte Tim.

Wieder trockengelegt, saßen wir keine 10 Minuten später im TV-Room des Campingplatzes und starteten den Film. Wiederum keine 5 Minuten später war der Raum voll von Vätern mit kleinen und großen Kindern und wir wussten, was wir alle die nächsten 3 Stunden und 50 Minuten vorhatten.

Mit den Bildern von Hobbingen im Kopf war der Film wie eine „natürliche" Fortsetzung unseres Besuches in Matamata bei Frodo und Sam. Beim Dauerregen in der Schlacht um Helms Klamm und dem Anblick des durchnässten Aragorn fiel mir das Wetter draußen wieder ein. Ein kurzer Blick genügte, um festzustellen, dass der Film die bessere Alternative war. So tauchte ich wieder ein in den Sturmangriff der Orks und die Rettung durch Gandalf, Eomer und seine Reiter von Rohan. Als währenddessen die Ents Isengard stürmten und die Dämme einrissen, gab der echte Regen draußen alles, um mitzuhalten.

Durch große Regenpfützen bahnten wir uns den Weg zurück zu unserem Wohnmobil, um dir zum Geburtstag zu gratulieren.

∿

Liebe Claudi,
den ersten WhatsApp-Call deines Lebens hast du heute an deinem 49. Geburtstag erfolgreich absolviert. Erst war dein Ohr auf unserem Screen etwas lustig anzuschauen, aber nach dem Hinweis, dass du das Telefon vor dich halten sollst, war das auch kein Problem mehr. Es war sehr schön, dich zu sehen. Viel schöner, als nur deine Stimme zu hören oder Kurznachrichten mit Emojis zu bekommen. Richtig schön verschlafen und müde hast du ausgesehen. Wir beide waren die Ersten, die dir heute mit unserem neuseeländischen Geburtstagsständchen vom anderen Ende der Welt zum Geburtstag gratulierten. Das Wetter bei euch in Deutschland ist gerade deutlich besser als bei uns hier. Der Frühling war bereits sehr erfolgreich am Werk und unser Garten war in schönem Grün im Hintergrund erkennbar. Du sagtest, dass unsere Tochter heute eine Überraschungsradtour für euch geplant hat und ihr das schöne Frühlingswetter nutzen wollt, um draußen zu sein. Ich hoffe, ihr hattet einen tollen Tag und du einen schönen Geburtstag – zum ersten Mal ohne Tim und ohne mich. Wie war das für dich so? Tim hat dich auf jeden Fall heute vermisst. Unsere „Wurzel-Flügel-Geben-Erziehungsmethode" trägt ihre Früchte. Tim war heute unter schwierigen äußeren Umständen ein klasse Organisator und ich spüre jeden Tag mehr, dass

er festen Schrittes seinen Weg im Leben geht. Er hat sich heute selbst aus seinem Stimmungstief herausgeholt und auch mich echt mitgerissen und motiviert, nicht in Trübsal zu versinken. Auch wenn ich die Gewissheit habe, dass er ab jetzt öfters an unseren Geburtstagen nicht bei uns sein wird, wird er es tief in seinem Herzen sein.

Ich bin auf deine Geburtstagserzählungen gespannt.

Ich liebe und vermisse dich! Vielen Dank, dass du zu Hause alles im Griff hast und uns den Rücken freihältst. Du bist eine ganz wunderbare Mutter und Frau. Genieße deinen Tag,

Dein Andi

PS: Wir haben hier auf dem Campingplatz Heike und Tom wiedergetroffen, die wir 2 Tage zuvor in Hobbiton kennengelernt hatten. Die beiden fahren auf „Geschwisterreise" durch das Land. Weil wir uns auf Anhieb sehr gut verstanden haben, haben wir heute zusammen gekocht und hatten einen schönen Abend zu viert.

Erkenntnis des Tages

Die Freiheit des Reisens bedeutet den Verlust von Zugehörigkeit und Nestwärme. Reisen bedeutet loslassen, abnabeln, selbstständig werden. Reisen ist Freiheit mit allen Vor- und allen Nachteilen. Reisen macht Persönlichkeiten und prägt.

Die 309

Angst gibt es nur in deinem Kopf und ist bei Gefahr das Gefährlichste, was von dir Besitz ergreifen kann.

Andreas Seltmann frei nach Heinrich Heine, 1797-1856

Lieber kleiner Bruder,

ich sitze gerade am Tisch unseres Campers, die Wolken hängen immer noch tief und es ist Schmuddelwetter hier auf der Nordinsel Neuseelands. Wir haben unsere Siebensachen gepackt, alles ist verstaut und wir sind „ready to take off". Tim ist gerade nochmal WLAN-Zeit kaufen, wir wollen online noch vorplanen und reservieren, bevor wir hier gleich losfahren.

Wie ich hier so sitze, fiel mir unsere Radtour ins schwäbische Hinterland wieder ein. Kannst du dich auch erinnern? Zu dieser Zeit gab es Neuseeland für uns höchstens auf der Landkarte. Damals hatten wir Staiger-3-Gang-Räder, heute ist es ein Mercedes Camper. Die Zeiten ändern sich, aber die Situationen ähneln sich. Das war ein schönes Erlebnis, unsere 3-tägige Tour an den Illmensee, oder? Wir fuhren von zu Hause aus durch das Schmiechatal, das Donautal und vorbei an Sigmaringen mit seinem Hohenzollernschloss.

Weißt du noch, wie du etwas Heimweh hattest? Das ist lange her. Ich war 21 und du 14 Jahre alt. Im Geiste unserer Radtour von damals will ich dir gerne von den Erlebnissen unseres Tages erzählen.

∿

Wir waren die letzten beiden Tage hier auf Coromandel und wollten heute noch das gleichnamige Städtchen anschauen, bevor wir unsere Tour in den Norden fortsetzten. Dazu mussten wir von der Ostseite auf die Westseite der Halbinsel wechseln. Auf dieser Strecke muss man einen Bergrücken überqueren, den man nicht umfahren kann. Ich sagte Tim noch, er solle „die 309" ausschließen, da es sich laut Reiseführer um eine für Wohnmobile ungeeignete unbefestigte Straße handelt.

Was soll ich dir sagen? Ich konnte gar nicht so schnell schauen, wie ich auf einer Schotterpiste unterwegs war. Ein paar Kilometer später hatte ich die Schnauze schon ziemlich voll. Hinter mir polterte das Geschirr, lose Gegenstände flogen von rechts nach links und wieder zurück, und die tief hängenden Wolken machten das Fahren im Regenwald nicht gerade zur Freude. Ich stoppte unseren Camper vor einer „One Lane Bridge", einer einspurigen Brücke, in einer kleinen Ausweichbucht.

Tim, mein Navigator, rechtfertigte sich und grinste.

„Es gibt keine andere Straße als die 309, sonst müssen wir einen Riesenumweg machen."

Angespannt und wütend verschaffte ich meinem Unmut erst einmal Luft und griff Tim an. „Wieso sagst du mir das nicht vorher? Ich hätte doch auch mit auf die Karte geschaut!"

„Papa, keep cool", sagte Tim, was mich noch mehr in Rage brachte.

Bevor ich die nächste Verbalsalve in seine Richtung abfeuern konnten, sagte Tim: „Ich vertraue dir und weiß, dass du ein erfahrener Fahrer bist. Deshalb habe ich die Straße trotzdem gewählt."

Ups, mir blieben die Worte im Hals stecken. Tim traute mir mehr zu als ich mir selbst. Es wurde still und man hörte jeden einzelnen Regentropfen, der aufs Camperdach fiel. Neben uns brauste ein türkisfarbener milchiger Bach Richtung Mercury Bay ins Tal. Die Szenerie erinnerte mich an den Film Gorillas im Nebel.

„Sorry", sagte ich, „lass uns gemeinsam überlegen, was wir nun machen."

Nach ein paar Minuten hatten wir unseren Plan geschmiedet. Wir würden auf der 309 weiterfahren; angespannt und konzentriert. An unübersichtlichen Stellen würde Tim aussteigen und die Tiefe der Schlaglöcher, die ausgewaschenen Rinnsale und den Weg nach der Kurve für uns checken. Es war eine Expedition ins Unbekannte, die gefühlt mehrere Stunden dauerte.

Es bot sich immer dasselbe Bild: Schlaglöcher, nasser grüner Farnwald, unterspülte Stellen, heruntergefallene Steine und gelegentlich Felsbrocken. Meter für Meter kämpften wir uns polternd und schaukelnd auf der 309 unseren Weg nach Coromandel Town. Ich weiß nicht, ob es Intuition oder einfach nur Vorsicht war. Plötzlich rutschte ungefähr 10 Meter vor mir in einer Kurve ein Stückchen Erde rechts des Weges vor meinen Augen ab. Ein großer Felsbrocken, ungefähr 50 Zentimeter im Durchmesser groß, rollte auf die Straße und bergabwärts auf uns zu.

Ich legte den Rückwärtsgang ein und stieß 2 Meter zurück. Das reichte gerade, dass wir nicht mit dem Ding kollidierten.

Der Stein kam knapp vor unserem Camper zum Stehen.

Ich atmete erst einmal durch und wollte schon zum Umfahren des Hindernisses ansetzen, als mich Tim stoppte. „Warte! Ich steige aus und schaue noch um die Kurve!"

Und tatsächlich: Genau in diesem Moment, Tim war noch nicht einmal ausgestiegen, kam uns ein Auto entgegen.

Das hätte gekracht! Ein freundlicher Kiwi hielt an, kurbelte das Fenster herunter und meinte: „Thanks, Guys, good done. A few kilometers from here, there are road-constructions going on and you have to pass a temporary bridge. It will work, but be careful."

„Okay", stöhnte ich, „das Abenteuer geht in die nächste Runde."

Tim, mittlerweile im „Indiana-Jones-Entdecker-Modus", meinte nur: „Das packen wir, Dr. Henry Jones Senior."

Mein Sohn sprang aus dem Camper, checkte die Lage und winkte mich sicher um den Felsbrocken und die Kurve herum. Es ging weiter, wie schon die Stunde zuvor, und ich hatte das Gefühl, dass meine Angstüberwindung für einen klaren Kopf und dadurch für ein Gefühl der Sicherheit sorgte. Nur ein weiteres Auto, ein Pick-up, kam uns entgegen und wies uns ebenfalls auf die road constructions hin, die wir dann keine 5 Minuten später auch erreichten. Ungefähr ein Dutzend Männer hatten ein unterspültes Straßenstück gesichert und mit einem Holzprovisorium versehen. Ein Maori in leuchtend orangefarbener Arbeitskleidung fungierte als „lebende Ampel." Er trug einen Stab mit einem roten und grünen Kreis darauf. Wir stoppten unseren Van und warteten, bis er uns das grüne Schild mit der Aufschrift „GO" zeigte, und tuckerten los. Langsam und mit einem mulmigen Gefühl im Bauch überquerten wir die Stelle. Ich atmete tief durch, als kurz danach die Straße breiter wurde, erste Farmen rechts und links des Weges auftauchten und die Zivilisation wieder in greifbare Nähe rückte. Hier und da war noch ein kleiner Slalom um herumlaufende Schafe, Hühner und Hunde zu bewältigen, dann führte die Straße bergabwärts Richtung Coromandel Town.

∿

An einer T-Kreuzung angekommen, schaute ich erleichtert und stolz zurück in den immer noch wolkenverhangenen Regenwald.

Die 309 war ein echt hartes Stück Vater-Sohn-Teamwork gewesen! Wir schauten uns an.

Ein „High five" mit beiden Händen war fällig!

„Well done – mein Sohn, gut navigiert", lobte ich.

„Well done, Dr. Jones, gut gefahren", antwortete Tim.

Wir bogen nach rechts auf die SH25 ab und sahen kurz darauf auch schon das ehemalige Goldgräberstädtchen Coromandel vor uns liegen. Wir parkten unseren Camper in der Wharf Road und gönnten uns ein verdientes 2. Frühstück im „Coromandel Bakehouse". Da das Wetter immer noch Sprühregen durch den Tag schickte und wir ja weiter Richtung Norden wollten, verweilten wir nicht lange in Coromandel. Wir versorgten uns noch mit dem Nötigsten für den Tag, machten den Tank voll und programmierten unser Ziel „Whangarei" in unser Navi. Unser „good old Campervan" schüttelte sich, als ich ihn wieder startete. Es war fast so, als wollte er die Strapazen der 309 abschütteln.

∿

2 Tage Dauerregen haben hier auf Coromandel ihre Spuren hinterlassen. Überall waren Straßen unterspült, Bäume umgestürzt und Straßenarbeiten im Gange.

Langsam ließen wir die Halbinsel hinter uns und ich dachte, dass ich Coromandel eines Tages bei schönerem Wetter wiedersehen wollte. Irgendwann, auf einem anderen Trip …

Liebes Bruderherz, unser Weg damals mit den Fahrrädern durch die Heimat war zwar nicht so regnerisch und gefährlich wie der heutige Tag, aber wir haben auch Momente erlebt, die uns als Brüder zusammengeschweißt haben. Ich bin überzeugt davon, dass es die gemeinsamen Erlebnisse sind, die das unzertrennbare Band zwischen Vater und Sohn oder auch zwischen Bruder und Bruder knüpfen. So will ich dir hier aus Neuseeland ein Stück Mut und Impuls nach Deutschland auf die Schwäbische Alb schicken, damit du auch eines Tages mit deinem Sohn auf Entdeckungsreise gehst. Es warten Abenteuer, Erlebnisse und ganz viele schöne Glücksmomente auf euch. Es muss ja nicht die 309 in Neuseeland sein. Aber zögere nicht – höre auf dein Herz!

Auf ewig Brüder!
Danke, dass du mir immer so ein toller Bruder bist.

Dein großer Bruder Andreas

Erkenntnis des Tages

Das Vertrauen deines Sohnes in dich gibt Kraft und Energie. Es ist ein persönlicher, ehrlicher und tiefer Vertrauensbeweis.

Die besten Fish 'n' Chips

Eine Vater-Sohn-Reise beginnt mit dem ersten Schritt in die richtige Richtung – und die heißt Augenhöhe.

Andreas Seltmann, frei nach einem Sprichwort aus Hawaii

Hallo Johannes,

heute musste ich an dich und deine Kochkünste denken. Wir hatten Neuseelands beste „Fish and Chips" zum Lunch. Zugegebenermaßen „very british", aber wirklich gut.

Keine Sorge, ich bin nicht zum Fastfood-Fan mutiert. Ganz im Gegenteil: Ich muss gestehen, dass ich deine badische Küche vom „Schwanen" echt vermisse! Hier in Neuseeland ticken die kulinarischen Uhren doch etwas anders als zu Hause. Nun denn, mein lieber Freund, um etwas kulinarische Vorfreude auf zu Hause zu schüren, schicke ich dir, neben dem versprochenen Brief, auch gleich meine Bestellung für das „Zurück-zu-Hause-Menü":

Als Vorspeise nehme ich die Rinderkraftbrühe mit Kräuterflädle, zum Hauptgang die Filetpfanne „Schwanen" und als Nachspeise bitte eine Crème Brûlée.

Jetzt schreibe ich dir, was wir heute so erlebt haben, sonst bekomme ich gleich wieder Hunger.

Gerade sind Tim und ich auf dem Weg Richtung „Bay of Islands" auf der Nordinsel Neuseelands und wir haben uns heute für einen kleinen Umweg entschieden. Im Reiseführer haben wir gelesen, dass es in Kaiaua ein Restaurant gibt, das mehrfach Sieger für die besten „Fish and Chips" in Neuseeland war. Wir fuhren also auf dem State Highway 25 von Thames Richtung Auckland, als uns ein Straßenschild den Weg Richtung Miranda und Kaiaua wies.

Die Gegend sah etwas verlassen aus, was vielleicht auch an der Stille lag, die hier herrschte. Auf jeden Fall regnete es nicht mehr, auch wenn die Wolken immer noch tief am Himmel hingen und die Sonne sich auch heute nicht zeigte. Hier waren es nicht die tief hängenden Wolken, wie noch zuvor auf Coromandel, die wie dichter weißer Nebel in den Baumkronen des Regenwaldes hingen, sondern die grauen Wolken in der Nähe des Meeres, die vom Wind über das weite Land getrieben wurden. Steppengras schaukelte rechts und links des Weges im Wind, der, aus Norden kommend, aus dem Hauraki Golf herunterwehte. Fast melancholisch mutete der Weg zum „Fisch and Chips Meisterkoch" an. Tim und ich sprachen nicht viel auf diesen Kilometern. Kurz vor Miranda navigierte mich Tim von der „Front Miranda Road" auf die „East Coast Road" nach Kaiaua. Die Seabird Coast, wie die windreiche Westküste der Bucht von Firth of Thames genannt wird, zeigte sich wechselhaft. So begrüßte uns dann auch das kleine Kaiaua mit einem erneut einsetzenden Regenschauer. Direkt an der East Coast Road 939 liegt das Restaurant „Kaiaua Fisheries".

Im ersten Moment waren wir etwas erstaunt, hatten wir beide doch eher ein Restaurant als einen hellblau-weißen Imbiss-Pavillon erwartet. Tja, da hat uns die deutsche Vorstellung eines „prämierten Restaurants" fast in die Irre geführt. Wir zögerten kurz und überlegten, ob wir nicht doch weiterfahren sollten, als eine Familie mit 2 Kindern freudestrahlend aus dem Restaurant trat.

In ihren Händen hielten sie in Zeitungspapier gewickelte Köstlichkeiten. Tim und ich schauten uns an… Von Weiterfahren war keine Rede mehr. Wir liefen die 4 weißen Holzstufen hoch, standen auf der überdachten Veranda und öffneten die Tür zum Restaurant. Eine große Wandtafel pries 4-spaltig die verschiedenen Gerichte an. Außerdem verriet uns eine schwarze Kreidetafel in Fischform, dass es heute frischen „Gurnard, Snapper und Tarakihi" gab. An einer Kühltheke, die voll mit verschiedenen hausgemachten Soßen war, stand: „Please collect order here."

An der Wand waren 3 große Kühlschränke randvoll gefüllt mit Getränken aller Art. Wir hatten die Qual der Wahl und schauten ratlos aus der Wäsche.

Schließlich empfahl uns der Koch den frischen Barsch mit Knoblauchsoße.

Wir setzten uns in den schön gestalteten Sitzbereich und packten unser Essen aus dem Papier. Teller gab es keine, denn Fisch und Chips muss man stilecht mit den Fingern essen. Innen saftig und butterweich, außen knusprig und geschmackvoll. Hmmm, war das lecker!

Mit einen freundlichen „Good bye and have a great and safe journey" wurden wir verabschiedet und setzten unseren Weg auf der Kaiaua Road Richtung Auckland fort.

∿

Die Straße führte uns entlang der Hunua Ranges, einem Hügelland in südöstlicher Richtung bei Mangatawhiri auf den SH2. Nordöstlich der Kleinstadt Pokeno bogen wir dann auf die „Hauptrennpiste", die SH1 – den „Highway Number 1" – in Richtung Auckland ab.

Schnell schickte die größte Stadt Neuseelands, mit mehr als 1,4 Millionen Menschen, ihre Vorboten zu uns. Eine gute Stunde quälten wir uns im stockenden Verkehr durch Auckland durch, oder besser, an Auckland vorbei. Erst als wir auf der Höhe von Silverdale nördlich der „Big City" waren, wurde es ruhiger auf den Straßen. Auckland wird unser letztes Ziel auf unserer Reise sein.

∼

Es war schon dunkel, als wir um 19 Uhr auf dem TOP 10 Holiday Park Campingplatz in der 24 Mair Street in Whangarei ankamen. Wir hatten beide einen Bärenhunger. Amie, die freundliche Rezeptionistin, sagte uns, dass in der Stadt eine Live Band spielte, und empfahl uns ein paar Restaurants – darunter das Irish Pub. Wir parkten unseren Camper, richteten uns ein und machten uns auf den Weg in die Stadt. Nach einem Fahrtag mit 390 Kilometern tat es gut, sich ein bisschen die Beine zu vertreten. Wir gingen bergabwärts, als uns kurz vor den hell beleuchteten Straßen der Innenstadt 2 junge Mädchen entgegenkamen und uns ansprachen. Sie erzählten uns, dass die Polizei jeden kontrollierte, der in die Stadt wollte. Natürlich waren die beiden Mädchen noch keine 18 Jahre alt. Deshalb baten sie uns, sie mitzunehmen.

Mein Sohn, der Gentleman, willigte sofort ein und schlenderte gleich mit den beiden Mädchen in Richtung Innenstadt. Laura, die ältere von beiden, war 17 und lotste uns direkt zu „McMorrissey's Irish Pub & Eatery", das wir ohne ihre Hilfe nicht so schnell gefunden hätten. Ich wollte am Geldautomaten noch Bargeld abheben und schlug meinem Sohn vor, er solle einfach schon mal loslaufen.

Als ich aus der Bank heraustrat, sah ich Tim schon gestikulierend neben einem Polizisten vor dem Pub stehen. Ich trat hinzu, als Tim gerade erklärte, dass das kleine Plastikkärtchen sein deutscher Personalausweis sei und er, wie man darauf erkennen konnte, bereits 18 Jahre alt ist. Wir hatten tatsächlich unsere Reisepässe auf dem Campingplatz vergessen und so konnten wir uns mit keinem in Neuseeland gültigen Dokument ausweisen. Als ich den Polizisten meinen deutschen „Plastikkarten-Ausweis" zeigte und der Polizist denselben Nachnahmen darauf erkannte, meinte er: „Okay, let's say you are brothers." Ich musste lachen und er ließ uns ziehen.

Bei rockiger Livemusik und toller Atmosphäre bestellten wir uns ein Guinness vom Fass und einen Burger mit Wedges. Wir groovten in die Nacht hinein und spielten noch eine Runde Poolbillard, bevor wir uns auf den Weg zurück zum Camper machten.

Müde und zufrieden lagen wir kurz vor Mitternacht in unseren Kojen und fanden, dass die Fisch and Chips und das Irish Pub 2 tolle Highlights eines langen Fahrtages waren. Dennoch, lieber Johannes, abschließend stelle ich fest: Fisch and Chips sind lecker, aber Wurstsalat mit Brägele sind „better"!

Dein Nachbar und Fan deiner Kochkünste,
Andreas

Erkenntnis des Tages
Für besondere Genüsse lohnt sich immer ein Umweg, denn er führt dich geradewegs zu neuen (Geschmacks-)Erlebnissen.

Menschen verbinden sich auch ohne Worte

Um den vollen Wert des Glücks zu erfahren, brauchen wir jemanden, um es mit ihm zu teilen.

Mark Twain, 1835–1910

Lieber Dieter,

ich chille gerade auf der „Holz-Tischbank-Kombination" neben unserem Camper und genieße den einmalig tollen Ausblick auf die Bay of Islands, der bis auf die andere Seite der Bay nach Paihia reicht. Es dämmert gerade, die Wolken färben sich rot und orange und die letzten Schiffe kommen zurück von ihrer Tour in der Bay. Es ist windstill, friedlich und wenig los hier, auf dem „Russel TOP 10 Campground". Gerade musste ich an dich denken und dass du vor einem Jahr auch eine Auszeit, ein „Sabbatical" gemacht hast. Bei mir ist es eher ein „Blitzsabbatical" als eine längere Auszeit. Trotzdem merke ich jetzt schon, dass mir diese besondere Pause sehr guttut und Lust auf mehr macht.

∽

Ich bin mit Tim gerade im Norden der Nordinsel Neuseelands unterwegs. Heute sind wir von Whangarei nach Russell an der „Bay of Islands" gefahren. Wir wollen dort die Bucht und die Umgebung erkunden – und dürfen dabei hoffentlich noch etwas herbstliche Wärme genießen. Ich habe auch gelesen, dass es hier Delfine geben soll. Diese Tiere wollte ich schon immer einmal in ihrer natürlichen Umgebung sehen. Sie strahlen für mich etwas Magisches, Fröhliches und Kluges aus.

Von Whangarei fuhren wir, wie am Tag zuvor, weiter die SH1 Richtung Norden. Je weiter wir uns von Auckland entfernten, desto mehr änderte sich das Landschaftsbild. Es wurde hügeliger, weniger zugepflastert, wieder wilder und freier. Kurz, so wie ich Neuseeland liebe!

In Kawakawa wollten wir unbedingt eine ungewöhnliche Attraktion „in Anspruch nehmen" und bewundern. In der Gilles Street 60 steht eine Toilette von Friedensreich Hundertwasser, der von 1973 bis zu seinem Tod 2000 in Kawakawa gelebt hatte. Im typischen Hundertwasserstil mit Tussockgras auf dem Dach, unregelmäßigen geschwungenen Formen und Keramikeinlagen und mit farbigen Gläsern und Kleinskulpturen versehen, steht die öffentliche Toilette eingereiht in die Häuserzeile der Hauptstraße. Sie ist auf ihre Art der herausragende Farb- und Formenklecks des Ortes und steht 24 Stunden zur Benutzung bereit. Quasi ein „24/7 bepinkelbares Kunstwerk".

Das konnten wir uns natürlich nicht entgehen lassen!

∿

Wir haben hier in Kawakawa noch unsere Vorräte aufgefüllt und einen Mittagslunch stilecht auf einer Hundertwasser-Keramik-Mosaikbank genossen. Nach einem Blick auf die Karte habe ich mich (getreu meinen sparsamen schwäbischen Wurzeln) gegen die Fähre von Opua nach Okiato entschieden, um nach Russell zu gelangen. Wir haben also anstelle der Fähre die Waikare Road durch den Russell Forest genommen. Es kam, wie es kommen musste

(Coromandel und die 309 ließen grüßen): Die Straße wurde nach einigen Kilometern immer schmaler und ging in eine unbefestigte Schotterpiste über. Erneut fuhren wir schaukelnd, geschirrklappernd und schwungvoll über Neuseelands kurvenreiche Nebenstrecken. Da wir die meiste Zeit durch den Wald fuhren, blieben die erhofften Ausblicke auf die Bay of Islands leider aus. Meine Laune wurde Minute für Minute schlechter. Wenn die Straße auch trocken und nicht regenunterspült wie ein paar Tage zuvor war, forderte sie trotzdem meine volle Aufmerksamkeit. Unsere Fahrt verlief schweigend und wir konzentrierten uns vor allem auf die Schlaglöcher. Nach einer guten Stunde schlug Tim vor, eine Teepause zu machen.

Ich willigte ein, glaubte aber nicht, dass wir eine nette Haltebucht finden würden.

Aber wie so oft hier in Neuseeland, war das Glück auf unserer Seite: Der Waldweg öffnete sich und eine große sonnige Ebene empfing uns. Rechts und links der Straße flossen Bäche, die in kleine Seen mündeten. Pampa- und buschiges Tussockgras, das sich leicht im Wind wog, verwandelten diesen Flecken Erde in eine magische, sonnendurchflutete Feen-Landschaft. Ruhig – sehr ruhig war es hier. Wir hörten nur Vögel und das Rauschen des Windes. Wir nahmen unsere Campingmöbel mit dem Tisch und den beiden Stühlen aus dem Camper und bereiteten uns einen herrlichen Tee zu. Unser Mürbeteiggebäck, das Shortbread, schmeckte hervorragend. Die Einsamkeit und die damit verbundene Ruhe entschädigten für das Geklapper und Geschüttel der letzten 90 Minuten.

Nach einem kurzen Austausch zu der von mir vorgegebenen Strecke und meinem Eingeständnis, dass die Wahl nicht wirklich klug war, verfielen wir wieder in unser bekanntes Männerschweigen. Wir brauchten keine Worte, um die Landschaft, die Geräusche der Tierwelt, den Tee und die Sonne auf unseren Gesichtern zu genießen. Irgendwann stand Tim auf, räumte unsere „Tea Time" wieder in den Camper und spülte die Tassen.

Mir kam währenddessen Joachim Bauers Buch „Prinzip Menschlichkeit" wieder in den Sinn, in dem er beschreibt, dass wir Menschen alle „Kooperationsmodelle" sind und ständig nach sozialer Zugehörigkeit und Resonanz streben. Wir wollen Beziehungen zu Menschen, die uns wichtig sind, gewinnen und erhalten. So ist das auch zwischen Vater und Sohn, dachte ich mir. Ich habe also die Aufgabe, Tim die Fähigkeit zu vermitteln, dass es nicht „Auge um Auge", sondern um das „Miteinander-Kooperieren" geht.

∿

Lieber Dieter, ich hoffe, dieser neurobiologische Ausflug in meinem Brief überfällt dich nicht zu sehr. Irgendwie war es mir heute wichtig, diese Einsichten festzuhalten und mit dir zu teilen.

Aber genug davon… Ich will dir lieber noch von einem tollen Erlebnis erzählen, das wir heute in „Downtown Russel" erlebt haben. Es war sehr wenig los auf dem Campingplatz. Wir hatten einen der höher gelegenen Plätze, der einen einmalig tollen Ausblick auf die Bay of Islands bot. Ein schöner Platz, um zu chillen und die Seele baumeln zu lassen. Tim und ich schnappten uns unsere Campingstühle und gönnten uns ein „Sundowner-Bierchen". Wir checkten die Möglichkeiten des Abends und lasen, dass in der Stadt ein Square-Dance-Festival stattfinden sollte. Okay, das war zwar nicht der Traum unserer schlaflosen Nächte, aber weder Tim noch ich waren bisher in unserem Leben auf einem Square-Dance-Festival gewesen. Wir gingen also von Pub zu Pub, hörten und schauten den überwiegend älteren Herrschaften in Cowboykleidern beim „Tanzen zum Sprechgesang" zu und waren gut gelaunt. Per Zufall landeten wir am Billardtisch in „Diggers Restaurant" und spielten eine Runde Billard – Tim gegen mich. Ein knöcheriger alter Mann in Latzhose, John-Deere-Cap und mit Zahnlücke trat zu uns an den Tisch und legte eine 2-Dollar-Münze auf den Rand des Billardtisches. Tim fragte mich, was das zu bedeuten hatte, und ich erklärte ihm, dass er damit den Sieger unserer Partie herausfordert.

∼

Es kam, wie es kommen musste, ich verlor gegen Tim. Bill, der Herausforderer, spielte das nächste Spiel gegen Tim. Der Einsatz war ein Bier. Ganz schlecht spielte Bill nicht, aber ich glaube, er hatte schon etwas „vorgeglüht", und so gewann Tim die Runde und damit auch das Bier. Mein Sohn grinste über beide Ohren und prostete mir zu. In der Zwischenzeit waren Bills Frau und seine Tochter, die einen zugedröhnten Eindruck machte, auch in der Bar eingetroffen.

Bill forderte Tim ein 2. Mal heraus. Wiederum war der Gewinn ein Bier und die beiden Frauen feuerten Bill an wie 2 Cheerleader. Tim gewann erneut und kassierte seinen Preis – ein Bier. Jetzt wurde es Bills Tochter zu bunt und sie forderte meinen Sohn ebenfalls heraus.

Was soll ich sagen?

Linda versenkte die schwarze 8 nach ein paar Minuten und Tim gewann schon wieder ein Bier...

Gemäß den Regeln durfte nur Tim spielen und ich sah der Siegessträhne meines Sohnes bis kurz vor dem Verlust der Muttersprache zu. Links im Saal tobte der Square Dance und rechts am Billardtisch tobte Tim sich beim „Billard-Kugel-Dance" aus. Mit zunehmendem Alkoholpegel dauerten die Spiele länger und wir lachten immer öfter miteinander und übereinander. Witzig war es, wenn Bill mal wieder mit dem Queue, dem Billardstock, beinahe den Tisch aufgeschlitzt hat, weil er die weiße Kugel nicht mehr traf.

Ich beschloss, innerlich loszulassen und nicht einzugreifen, schließlich war mein Sohn ja seit 2 Wochen erwachsen…

Tim sah immer wieder mal zu mir herüber und trank mir zu. Der Abend war sehr lustig, aber eher wortkarg. Der Grund war, dass ich den Dialekt der 3 „Kiwis" nicht wirklich gut verstand. Und der Alkohol trug natürlich auch einen erheblichen Beitrag zur Aussprache, oder besser gesagt zur „Nichtaussprache", bei. Kurz vor Mitternacht schloss „Diggers Restaurant" und wir verabschiedeten uns von den 3 Kiwis, die sich im Pick-up auf den Heimweg machten. Du hast richtig gelesen: Bill fuhr noch Auto! Ein toller und ungewöhnlicher Abend ging zu Ende und ich stützte Tim beim Gehen. Ich war heilfroh, als wir an unserem Campingplatz ankamen und ich ihn in sein Bett verfrachten konnte. Tim schlief schnell und schnarchte. Sonst schnarchte ich und Tim musste mit Ohropax schlafen, heute war es genau anders herum.

∿

Auf jeden Fall, mein lieber Freund, ist mir mittlerweile klar, dass man bei einer Auszeit viel erleben kann – aber da erzähle ich dir ja nichts Neues! Auch oder gerade, weil der Abend ganz anders lief als geplant, sind es immer die Begegnungen mit Menschen, die den Unterschied machen.

In diesem Sinne freue ich mich auf die erste Begegnung mit dir, wenn ich wieder zu Hause bin. Lass uns einen „Auszeit-Geschichten-Abend" machen. Ich bringe einen Sauvignon Blanc von der Cloudy Bay mit und wir lassen uns von seinen eingefangenen 2200 Sonnenstunden und seinen einzigartigen Aromen in unsere Sabbatical-Geschichten entführen – was meinst du? Ich hätte Lust, herauszufinden, wer die schrägsten Typen auf seiner Reise kennengelernt hat. Bin mal gespannt, ob du auch einen Bill mit Familie bieten kannst.

Take care – und dass du noch lange von der Energie deines Sabbaticals zehren kannst.

Dein Andreas

Erkenntnis des Tages
Menschen, die etwas gemeinsam erleben und sich gegenseitig (ins Herz) sehen, verbinden sich auch ohne Worte.

Mitten ins Herz

Von einem gewissen Punkt an gibt es keine Rückkehr mehr.
Dieser Punkt ist zu erreichen.

Franz Kafka, 1883-1924

Lieber Andreas, mein liebes Ich in 10 Jahren,

heute ist etwas Unerwartetes passiert. Etwas, das die Kraft und die Macht hat, mein Leben zu verändern. Vielleicht hat mein Herz mich auf seinen geheimen Pfaden zu diesem Ort geführt und auf diesen Moment hingefiebert – mein Kopf hat ihn aber nicht geplant. Wie stark und wie nachhaltig er mich und mein Handeln tatsächlich beeinflusst, wird die Zukunft zeigen. Deshalb schreibe ich heute einmal einen ganz anderen Brief. Dieser Brief ist ein Brief an mich selbst, und zwar genauer gesagt, an mich selbst in 10 Jahren. Natürlich habe ich keine Glaskugel, die mir vorhersagt, was in den nächsten 10 Jahren passieren wird. Und natürlich habe ich keinen Schimmer, wie sich die Situation in der Welt verändern wird. In 10 Jahren aber werde ich 60 Jahre alt sein und werde wissen, welcher Sehnsucht meines Herzens ich gefolgt bin – und welcher nicht.

∞

So langsam geht sie zu Ende, meine Vater-Sohn-Auszeit, meine 4-wöchige Lebensreise allein mit meinem Sohn quer durch Neuseeland. Die Reise haben wir gut geplant und es hat sich zum Glück vieles einfach so ergeben; wie viele Dinge in meinem Leben sich einfach so ergeben haben. Planst du immer noch so viel? Durchdenkst du immer noch viele deiner Entscheidungen, bevor du sie triffst? Bist du deiner guten Intuition und deinem Herzen gefolgt? Sicherlich, oder?

Wenn du da stehst, wo ich dir wünsche, dass du in 10 Jahren stehst, dann hast du aus dieser Reise deine Kraft gezogen, deine Bedenken beiseitegelegt, warst unperfekt und bist mit Überzeugung, einem offenen Herzen und ohne Angst einfach losgegangen. Du hast durch deinen Mut und deine Neugierde Gleichgesinnte gefunden – und was du tust und wie du handelst, ist nun stimmig für dich.

Gerade sind Tim und ich an der Bay of Island auf der Nordinsel und es liegen noch ein paar wenige Tage Reise durch Aotearoa vor uns. Sehr früh schon sind wir heute Morgen durch die ehemalige Walfänger-Hochburg Russell, die sich ihren viktorianischen Charme bewahrt hat, unterwegs auf dem Weg zum Pier. Wir haben eine „Dolphin-Cruise" durch die Bay bis zum „Hole in the Rock", dem Loch im Felsen, gebucht.

So früh am Morgen war noch nicht viel los hier. Die weiße Hafenfront mit dem Hotel „Duke of Marlborough", dem Swordfish Club, dem Rathaus und dem Pompallier House, sowie die ehemalige Missionsdruckerei erwachten gerade erst aus ihrem Schlaf. Die Sonne schien, ein strahlend blauer Himmel und ein Schild mit der Aufschrift „Welcome to Russell – Haere Mai", begrüßte uns am Bootsanleger. Das Wasser lag ruhig in der Bay, ein paar wenige Segelbote, dessen Kapitäne den Spätsommer hier genossen, schaukelten sanft hin und her. Es war friedlich am Pier von Russell. Der „Dolphin Seeker" der „Fullers Great Sights" war schon aus der Richtung von Paiha kommend zu hören. Das dumpfe Grollen des

Schiffsdiesels durchdrang die Stille und wurde lauter und lauter, bis er seitwärts an der Front des Piers anlegte und zum Einsteigen aufforderte. Nun ging sie also los, die Suche nach den Delfinen.

Ich war aufgeregt wie ein kleines Kind und voller Vorfreude. Gemütlich ging die Fahrt durch die Bucht und hin und wieder waren große Seevögel, ich glaube, es waren Kormorane, zu sehen, die im Sturzflug vom Himmel herabflitzten und nach Fischen jagten.

Der Kapitän drosselte immer wieder den Motor und erklärte, dass dort, wo Vögel über dem Wasser fliegen, auch oft Delfine anzutreffen sind – „They have the same favourite dish", meinte er.

Die erste halbe Stunde der Fahrt verlief sehr ruhig. Die Sonne spiegelte sich im Wasser und die See lag weiterhin sehr ruhig, als plötzlich, ungefähr 300 Meter weg vom Boot, 2 Delfine aus dem Wasser sprangen und Purzelbäume in der Luft schlugen.

Ein Raunen ging durch die Reihen von uns Bootstouristen und die Delfine setzten ihre Luftsprünge und Wasserspiele unbeirrt fort. 4-, 5-mal schraubten sich die beiden in die Luft, mal alleine, mal wetteifernd zu zweit, und brachten mich und Tim zum Staunen. Noch völlig beeindruckt von dem Naturschauspiel der beiden Tiere realisierte ich, dass die Gruppe nun unter und neben dem Boot schwamm. Imposant und beeindruckend groß waren diese Tiere. Bis zu 4 Meter lang und jedes von ihnen hatte eine eigene Zeichnung der Rückenflosse, an denen man sie erkennen konnte. Es waren auch Muttertiere und Jungtiere in der Gruppe. Die kleinen Delfine schwammen immer auf derselben Höhe und im selben Tempo wie die Muttertiere. Es war wirklich spannend, wie sie sich zielsicher und synchron in ihrem Element bewegten. Da Delfine „concious breather" sind und damit immer wieder auftauchen müssen, um zu atmen, bleibt eine Gehirnhälfte immer wach, während die andere schläft. Wirklich erstaunlich, oder? Flink waren sie und pfeilschnell. Ich stand direkt vorne an der Reling und schaute gebannt zu, wie einer der Delfine direkt unter mir im grünlich schimmernden Wasser im selben Tempo wie das Boot mitschwamm. Mit einer schnellen 90°-Drehung drehte sich das Tier plötzlich auf die linke Seite und schwamm nun seitwärts unter mir. Der Delfin blinzelte und schaute mich direkt mit seinem rechten Auge an. Sein Blick traf mich wie ein Nadelstich mitten ins Herz. Es war, als ob mich ein elektrischer Stromschlag durchzuckte und wir Verbindung zueinander hätten. Der Blickkontakt dauerte sicher nur 4 bis 5 Sekunden, aber es kam mir vor wie eine Ewigkeit.

Tief in mir war da plötzlich eine Stimme, die zu mir sprach: „Was willst du eigentlich hier? Nach was suchst du wirklich?"

Mein Blick ging ins Leere und schaute ins tiefe grüne Wasser. Die Stimmen um mich herum hörte ich nur leise. Langsam, ganz langsam wachte ich auf wie aus einer Trance. Der Delfin war verschwunden und die Gruppe entfernte sich immer schneller vom Boot, hinein in die Bay. Rhythmisch tauchten die Flossen der Fische aus dem Wasser auf und wieder ein. Es war, als ob sie mir noch einmal zuwinkten und zum Abschied sagten: „Haerenga pai" (Maori für gute Reise, folge deinem Herzen). Für ein paar Minuten stand die Erde still und ich wusste zuerst nicht richtig, was da gerade geschehen war. Ich bin etwas von der Reling zurückgetreten. Da war ein inneres Leuchten in mir. In diesem Augenblick habe ich eine Entscheidung getroffen!

〰

Das nächste Highlight, „Piercy Island" mit dem sogenannten „Hole in the Rock", habe ich wie in einem Film und später durch die Bilder meines Sohnes wahrgenommen. Überhaupt dauerte es, ich weiß nicht mehr wie lange, bis ich wieder realisiert habe, was um mich herum passierte und wo ich eigentlich gerade war. Der „Fels mit dem

Loch" wurde durch die Wellen ausgehöhlt und bot einen schmalen Durchgang, durch den wir tatsächlich durchgefahren sind. Erst beim Durchfahren fiel mir auf, wie unglaublich klar und blau das Wasser hier ist. Ein Wassertropfen landete auf Tims Kopf und er freue sich, denn laut einer Maorilegende ist das ein Glückszeichen.

∿

Also mein liebes Ich, mein liebes Herz. Nimm Abschied und gesunde, wie Hermann Hesse einst schrieb. Von was genau ich Abschied nehmen werde, weiß ich noch nicht genau, aber ich habe die Entscheidung getroffen, dass ich der inneren Stimme meines Herzens folgen werde und ihr mehr Aufmerksamkeit schenken will. Ich will mehr Zeit mit meinen „Herzensthemen", mit mir, mit meiner Familie, mit meinem Sohn und mit Menschen verbringen, die mir guttun.

Dein (heute neu geborenes) Ich

Erkenntnis des Tages

Der Blick des Delfins hat tief in mir etwas ausgelöst und ich habe mich entschieden, in meinem Leben etwas zu ändern.
Ich will anderen Vätern Zugang zu meinen Vater-Sohn-Erlebnissen und zu meinem Vater-Sohn-Denken geben. Ich will DER IMPULSGEBER für Väter sein, die ihre Söhne in ihr „Mann-Sein" begleiten wollen.

Schutzengeltreffen

Alleine als Vater mit deinem Sohn zu reisen macht dich bescheiden. Du erkennst, welch kleinen, aber sehr wichtigen Platz du in der Welt deines Sohnes besetzt.

Andreas Seltmann frei nach Gustave Flaubert, 1821-1880

Liebe Schutzengel,

ich habe noch nie einen von euch gesehen oder getroffen, aber vielen Dank, dass ihr mich und meinen Sohn auf unserer Reise durch Neuseeland so gut begleitet habt. Heute seid ihr besonders wachsam gewesen oder war etwa „Welt-Schutzengeltreffen" hier in Neuseeland?

∿

Heute Morgen nahmen wir Abschied von Russell, dem schönen kleinen Ort an der Bay of Islands. Innerlich immer noch tief berührt, fuhren wir mit unserer „Old Mercedes Camperlady" mit der Fähre hinüber nach Paihia. Wir nahmen die SH11 zurück bis nach Kawakawa, von wo aus wir dem uns bereits bekannten „Highway Number 1" weiter in Richtung Süden folgten. Das Wetter war zwar in Ordnung, unsere Stimmung aber irgendwie gedrückt. Tim und ich spürten beide, dass zwar mit Auckland noch ein Highlight auf uns wartete, wir aber eigentlich nun den Rückweg unserer Reise antreten würden. Es war uns beiden klar, dass Auckland unsere letzte Station unserer besonderen Zeit werden wird und wir von hier aus in ein paar Tagen den Rückflug antreten werden. Still war es lange Zeit im Camper und es herrschte jene Stimmung der Gewissheit, dass wir auf die Zielgerade einbiegen und unsere Vater-und-Sohn-Zeit ihrem Ende zugeht.

∼

Radio Hauraki spielte gerade einen seichten Popsong, den ich nicht kannte, und ich verlor mich in meinen Gedanken.

Es regte sich etwas tief in mir. Es war ein Gefühl, eine Sehnsucht, ein Rufen, mich auf einen Weg zu begeben.

Ich hatte mehr und mehr das Gefühl, dass ich als Vater dieser Welt etwas zu geben, etwas mitzuteilen habe, was anderen Vätern helfen könnte. Ich lächelte in mich hinein und drehte das Radio lauter. Tim sah zu mir herüber und gab mir ein „High five".

∼

Unsere Fahrt verlief unspektakulär. Mittlerweile routiniert und eingespielt, steuerte ich den Camper im Linksverkehr durch die Northlands, genauer gesagt durch den Whangarei-Distrikt. Tim trug mir auf, rechts in die Salomon Road abzubiegen. Überrascht bog ich ein, stoppte den Camper und stellte meinen Sohn zur Rede.

„Chill, Papa", war seine Antwort, „nur ein paar Kilometer entfernt sind die Waipu Caves, wo es Glühwürmchen gibt. Die will ich so gerne sehen. In Te Anau hatten wir die Besichtigung der ‚Glow Worm Caves' ausgelassen – hier liegt es quasi auf dem Weg!" Immer, wenn Tim so herzzerreißend argumentiert und so lieb um einen Gefallen bittet, kann ich als Vater nicht Nein sagen.

Auf jeden Fall habe ich keine 10 Minuten und 5 Kilometer später meine väterliche Zusage bereut, ging doch die befestigte Straße wieder in eine rumpelnde Schotterpiste über. Das nervige Geschirr-, Töpfe- und Pfannengescheppere ging wieder los und wir federten in unseren Sitzen auf und ab. Über eine Stunde hoppelten wir zuerst über die Salomon Road, dann über die Springfield Road, um schließlich über die Waipu Caves Road an unser Ziel zu kommen.

Wären da nicht auf einmal 3 Camper gestanden und eine kleine Abfahrt auf eine Wiese links abgegangen, ich wäre glatt an den Waipu Caves vorbeigefahren. Zum ersten Mal hier in Neuseeland kostete eine Attraktion keinen Eintritt. Die Höhle war frei zugänglich. Das überraschte mich wirklich.

Wir sollten den Grund dafür auch gleich erfahren…

∾

Eine kleine Gruppe junger Männer mit schlammverschmierten nassen Hosen stand barfuß vor ihrem Camper und zog sich gerade frische Klamotten an. Tim fragte sie, wo denn hier der Eingang zu den Caves sei. Sie zeigten auf einen Weg, der in den Wald führte, und meinten: „Zieht euch gut an, da drinnen ist es nass, kalt und rutschig. Entweder ihr geht barfuß oder mit Schuhen, die sind dann aber nachher durchgeweicht."

Wir quatschten noch ein paar Sätze miteinander, bedankten uns und rüsteten uns für unsere Höhlentour. Ich musste daran denken, dass ich als Teenager einmal mit meinem Freund in einer Höhle auf der Schwäbischen Alb unterwegs gewesen war, und dass wir erst Stunden später als „Lehmmännchen" wieder das Licht der Welt erblickten. Mit hochgekrempelten Hosenbeinen, barfuß und mit Taschenlampen ausgerüstet, gingen wir einen schmalen Weg entlang. Keine 10 Meter nach dem Schild „Waipu Caves Entrance" zeigte sich auch gleich der Eingang der Höhle. In einer hohen glatten Felswand war in Erdnähe ein circa 1,80 Meter hoher Höhleneingang erkennbar. Hier verlor sich der Trampelpfad, den wir entlanggingen, in der Dunkelheit. Es war sehr schwer, Halt zu bekommen, die Felsen waren nass und rutschig. Ich wollte schon zurückgehen, um Schuhe anzuziehen, da gab mein Sohn mir zu bedenken: „Papa, die werden doch gar nicht mehr trocken, bis wir fliegen, und dann müssen wir diese nassen Latschen im Koffer verstauen, die muffeln und schimmeln dann... lass uns barfuß weitergehen."

Wir krabbelten eher auf allen vieren als im aufrechten Gang in die Höhle hinein. Schnell wurde es dunkel und wir knipsten unsere Taschenlampen an. Ein kleiner Bach floss durch die Höhle und versperrte uns den Weg. Nun wusste ich, wieso die Jungs draußen alle nasse Hosen gehabt hatten. Wir mussten durch kaltes Wasser waten. Schritt für Schritt tasteten wir uns im Bachbett tiefer in die Höhle und Tim versenkte erst einmal seine Taschenlampe, als er von einem kleinen Stein im Wasser abrutschte und sich aufstützte, um nicht völlig baden zu gehen. Seine Taschenlampe stellte dann auch sofort ihren Dienst ein und so hatten wir nur noch ein Licht, das uns den Weg wies. Sollten wir dieses auch noch verlieren, würde es anstrengend werden, in völliger Dunkelheit wieder aus der Höhle herauszufinden. Mit diesem Gedanken im Hinterkopf wählte ich jeden Schritt noch bedachter und bewusster.

So langsam spürte ich meine Füße im kalten Wasser nicht mehr. Wir hielten kurz inne, setzten uns auf einen Stein neben dem „Höhlenbach" und trockneten unsere Füße. Zumindest zogen wir sie aus dem kalten Wasser, um nicht noch weiter auszukühlen. Es war ein beeindruckendes Gefühl, hier inmitten der Tropfsteine im Dunkeln dem Bach zu lauschen und die Dunkelheit um uns herum auf uns wirken zu lassen. Die Luft war klar, kühl und rein. Schnell wurde uns kalt und wir setzten unseren Weg fort. Ein paar Meter legten wir im Trockenen zurück und überstiegen barfuß einen Felsbrocken, um dann wieder in den Bach zu steigen und diesem ins Innere der Höhle zu folgen. Nach weiteren Metern öffnete sich die Höhle und eine kleine Kuppel tat sich auf. Wir beschlossen, nicht tiefer in die Höhle hineinzugehen, und ich schaltete meine Taschenlampe aus.

∽

Ich traute meinen Augen nicht: Tausende von kleinen Leuchtpunkten waren an der Höhlendecke über uns zu sehen. Tiefe Dunkelheit umgab uns. Am Höhlenhimmel über uns leuchtete diese unendliche Anzahl von Arachnocampa luminosa (oder auf Maori „Titiwai"). Zum ersten Mal in meinem Leben habe ich eine so große Anzahl von Glühwürmchen gesehen und es war atemberaubend.

∽

Tim und ich traten nach ein paar Minuten des Staunens und der Stille im Schoße der Waipu Caves den Rückweg an und tapsten im Bach zurück Richtung Eingang.

Der Rückweg zog sich in die Länge und erst nach einigen Minuten konnten wir das Tageslicht am Ende der Höhle erkennen. Müde und angestrengt, mit nassen Hosen und eiskalten Füßen, kletterten wir aus dem Bach heraus, um die letzten Meter aus der Höhle zu laufen. Auf einmal rutschte Tim neben mir aus, knallte auf sein linkes Knie und fiel circa einen Meter einen Felsbrocken hinunter. Sein Schrei ging mir durch Mark und Bein und ich dachte sofort an einen Bänderriss oder einen Knochenbruch. Mein Reptiliengehirn tat seinen Dienst und ich musste auf der Hut sein, dass ich nicht gleich neben ihm aufschlagen würde. Ich kauerte mich neben meinen Sohn und fragte, wo es wehtat. Tim stöhnte und zeigte auf sein Knie. Ich half ihm hoch und er stützte sich auf mich. Wir fanden einen Umweg aus der Höhle heraus und ließen uns im Gras neben unserem Camper nieder.

Ich wollte erst einmal einen kühlen Kopf bewahren. Tim hatte eine kleine Wunde direkt über der Kniescheibe, deren Blutung rasch zum Stillstand kam. Ich zog ihm seine nasse Jeanshose aus und setzte ihn erst einmal auf einen unserer Campingstühle. Schnell zog ich mir selbst trockene Kleider an und überlegte dabei, was ich nun zu tun hatte. So wie Tim dasaß, sah es nicht ganz so schlimm aus. Ich tippte trotzdem den Weg nach Auckland ins Krankenhaus in unser Navi ein. Es spuckte mir eine Strecke von 135 Kilometern und ungefähr 2 Stunden Fahrzeit aus. Ich ging zurück zu Tim, aber der saß nicht mehr in seinem Stuhl.

∿

Ich schaute mich um und sah Tim, der auf der Wiese mit einem jungen Pärchen redete. Er erzählte ihnen, dass sie lieber Schuhe anziehen sollten, wenn sie in die Caves wollten. Außerdem empfahl er ihnen, eine Stirnlampe und eine warme Jacke, am besten eine Regenjacke, anzuziehen. Ich erkundigte mich nach seinem Knie und er sagte: „Es tut weh, aber es geht." Er humpelte zu unserem Camper zurück und ging in die Nasszelle, um sich zu waschen.

Als er fertig war, setzten wir uns ins Gras, tranken ein Bier zusammen und erholten uns von dem Schock.

∿

„Hey Stammhalter", sagte ich zu ihm, „ich kann dir mitteilen, dass es nach Auckland ins Krankenhaus ungefähr 2 Stunden dauert, bis wir dort sind. Du hast mir einen ganz schönen Schreck eingejagt. Ich dachte schon, jetzt ist es aus und ich muss dich mit einem Gips am Bein nach Hause bringen!"

Tim antwortete: „Alles okay... es fühlt sich auf jeden Fall nicht kaputt an. Wir ‚Seltmänner' sind zähe Burschen und haben immer einen Schutzengel bei uns."

Ich musste lachen. „Ich glaube eher, dass sämtliche Schutzengel

Neuseelands heute hier ihren alljährlichen Betriebsausflug hatten und deshalb zur Stelle waren." Ich kassierte einen Boxer auf meinen rechten Oberarm und wir lachten.

∼

An diesem Abend schrieb ich in mein Reisetagebuch:
 War es die schützende Hand eines Schutzengels oder Gottes? War es Schicksal? Vorsehung? Glück? Die Energie der Natur? Ich wusste es nicht.
 Aber eine Sache wusste ich genau: Dankbarkeit und Demut waren genau die Dinge, die ich gerade empfand.

DANKE, liebe(r) Schutzengel!
Danke für dein beherztes und geglücktes Eingreifen!
Dein Andreas

Erkenntnis des Tages

Wenn der Schock und die Anspannung der Gewissheit weichen, dass alles in Ordnung ist, dann sei dankbar und demütig. Lass die Sorgen ziehen und freue dich auf all die schönen Momente, die noch vor euch liegen.

Bob der Baumeister

Nur wer sich mit einer inspirierenden Vision, einem fröhlichen und offenen Herzen als Mann und Vater auf den Weg macht, wird neues Land für sich und seinen Sohn entdecken und die Welt verändern!

Andreas Seltmann frei nach Hugo von Hofmannsthal, 1874-1929

Lieber Bob,

ich wachte heute Morgen nur langsam auf und war irgendwie total erschlagen von der Nacht. Das Erlebnis in den Caves und ein komischer Traum spukten noch durch meinen Kopf. Tim öffnete die Augen neben mir und grüßte mich mit einem verschlafenen „Guten Morgen, Papa" aus seinem Schlafsack heraus. Ich stand auf, zog mir meine Jogginghose über meinen Schlafanzug und setzte unser allmorgendliches Teewasser auf. Es schien ein schöner Tag zu werden. Ein hauchdünner Frühnebel lag über der Wiese vor den Waipu Caves. Die Sonne schickte ihre ersten Strahlen über die Hügel der Northlands und zauberte ein flüchtiges Meer aus glitzernden Tautropfen auf die Wiese.

∼

Ich hatte heute einen wunderlichen Traum, in dem ich von dir, Bob dem Baumeister, geweckt wurde. Du sagtest, dass du von Gott den Auftrag bekommen hättest, zusammen mit einem anderen

Mann die Männerwelt neu zu bauen. Du hast mir erzählt, dass du mich ausgewählt hast, weil ich ja gerade mit meinem Sohn in Neuseeland unterwegs bin und du hier anfangen willst.

„Wenn du die Welt erschaffen könntest, wie du sie dir wünschst, wie würde sie für dich als Vater, als Mann und Ehemann aussehen? Was wären Väter für Männer in deiner Welt?"

Deine Frage beantworte ich dir gerne, du liebenswürdiger, fröhlicher und freudestrahlender gelbhelmtragender Knubbelnasen-Bauarbeiter …

∼

Väter würden weniger arbeiten und täglich Zeit mit ihren Söhnen verbringen. Sie wären anwesende und nicht abwesende Väter, die ihren Söhnen Zugang zu sich selbst ermöglichen. Sie würden ihren Söhnen Orientierung geben und sie in ihr Mann-Sein begleiten, ohne sie zu erdrücken. Sie würden ihnen vielseitige Möglichkeiten eröffnen, sich als Mann zu finden, ohne sie zu bevormunden, sondern ihnen Raum zum Lernen, Scheitern und Ausprobieren geben. Männer würden sich ihrer Söhne annehmen und ihnen klar und unmissverständlich, ohne Gewaltanwendung, zeigen, was geht und was nicht geht. Männer würden Männerfreundschaften pflegen, wären authentische und kraftvolle, sanfte und bewusste Väter und Ehemänner. Sie übernehmen Verantwortung für ihre Söhne, auch wenn sie von ihrer Frau getrennt leben, und missbrauchen niemanden, auch nicht sich selbst.

Als Liebhaber sind sie einfühlsam, nicht selbstsüchtig, sondern freundlich. Sie sind in ihrem Körper zu Hause und achten auf ihre Gesundheit.

Als Teil der Gesellschaft übernehmen Väter Verantwortung und helfen den Schwächeren. Sie tragen zur Bewahrung der Schöpfung bei und haben ein ausgeprägtes ökologisches Bewusstsein.

Ihre Arbeit erfüllt sie mit Sinn und macht ihnen Freude. Sie finden die richtige Balance zwischen Familie und Arbeit. Sie sind Ratgeber, tröstende Schulter, Haltgeber, Vorbild, Antreiber und Verbesserer für ihren Stamm und achten das Leben. Energetisierende Väter gehen mit Freude durch das Leben und haben eine positive, lebensbejahende Grundeinstellung. Sie strahlen Freude aus und es ist schön, mit ihnen gemeinsam zu lachen.

∿

Alter und Erfahrung wird wieder in Mode kommen und sich mit Neugierde und „Lust auf Neues" verbinden. Ein Zusammenspiel der „Freiheit des Geistes" und eine „Toleranz gegenüber anderen" – vor allem gegenüber anderen Religionen – wird entstehen.

∿

Rituale werden sich einstellen, in denen Väter ihre Söhne bewusst initiieren. Männer werden sich mit ihrer Vergangenheit versöhnen und kraftvoll in ihrem Leben voranschreiten. Männer werden Schule und Kindheit verändern und damit einen aktiven Beitrag für eine aufgeklärte Gesellschaft, die im Einklang mit der Natur und dem Leben steht, leisten.

∿

Männer werden sich immer wieder eine Auszeit im Beruf nehmen, um sich in ihrem Leben zu orientieren. Sie werden sich bewusst entscheiden, welche Ziele sie verfolgen und mit welcher Firma diese in Einklang zu bringen sind. Der Jugendwahn wird verschwinden.

∿

Väter werden sich ihrer Spiritualität bewusst sein und diese nähren. Sie werden sich Rückzugsorte bauen, in denen sie Ruhe, Kraft und Energie tanken. Sie werden sich innere Kraftquellen schaffen, um aus diesen in anstrengenden Zeiten zu schöpfen. Sie werden nach den Sternen greifen und Ziele erreichen, die die Menschheit noch nie zuvor erreicht hat. ABER sie werden es aus der Kraft des Einklangs mit sich und der Erde, auf der sie fest mit beiden Beinen stehen, erreichen.

∾

„Wow", sagtest du und gabst mir „High five" und eine Schaufel in die Hand. „Lass uns gleich anfangen."

∾

Wir machten uns gerade an die Arbeit, als ich wie durch einen Nebel die Stimme von Tim hörte, die zu mir sagte: „Guten Morgen, Papa."

Ich brauchte einige Zeit, um wieder in dieser Welt anzukommen.

Träume sind eine beeindruckende Möglichkeit, nach den Sternen zu greifen, oder?

Dein „Ideale-Männer-und-Väterwelt-Co-Baumeister",

Andreas

Erkenntnis der Nacht:
Väter brauchen Visionen und Träume, wie sie als Vater und Mann sein und wie sie wirken wollen – sie müssen sich aber mit der „Unperfektheit" dieser Welt arrangieren, diese annehmen und ins Gestalten kommen.

Getrennte Wege

„Auf der Reise gemeinsam mit meinem Sohn bin ich vielen Menschen begegnet. Ich bin mir manchmal sogar ganz wundersam selbst über den Weg gelaufen."

Andreas Seltmann, *1968

Lieber Dennis,

ich sitze hier gerade in Auckland, der City of Sails, am Hafen in der Nähe des „Wynyard Quarters" auf einer Parkbank, schaue den ziehenden Wolken zu und chille – das habe ich von Tim gelernt. Gerade musste ich an dich und Sarah denken und wie ihr uns beim letzten Mal, als wir zusammen essen waren, erzählt habt, dass es sich total komisch anfühlt, wenn keine Kinder mehr im Haus sind. Du hast erzählt, dass dir die dreckigen Teller im Spülbecken, die nassen Handtücher neben der Badewanne und all die Schuhe, die immer kreuz und quer im Hauseingang standen, fehlen.

Ich glaube, ich weiß jetzt zumindest im Ansatz, von was ihr gesprochen habt. Tim zieht zwar noch nicht von zu Hause aus, aber wenn ich daran denke, dass wir in 2 Tagen Neuseeland verlassen, fehlen mir jetzt schon die intensiven „Vater-Sohn-Geh-Spräche", seine Kleider, die überall im Camper herumliegen, und die gemeinsamen Abende unter dem Sternenhimmel. Ich glaube, das ist das „Pre-Empty-Nest-Syndrom".

Okay, ich übertreibe… es ist ja nur das Ende einer schönen gemeinsamen Reise. Aber irgendwie ist es auch ein Übergang und es ist auch, etwas zu trauern, oder?

Also dann, mein lieber Freund, ich möchte dir gerne von unserem Tag in der Metropole Auckland, auf Maori Tāmaki Makaurau, erzählen.

∿

Heute Morgen, beim täglichen Tea Time & Toast Breakfast, haben Tim und ich unseren Stadttrip hier in Auckland geplant und sind dann auch gleich in eine Meinungsverschiedenheit geraten. Ich wollte als Erstes die Tourist Info ansteuern, um mich zu informieren, was man hier gesehen haben muss, und um mich mit einem Stadtplan auszustatten. Navigation und Orientierung ist doch die halbe Miete.

Tim war jedoch felsenfest der Meinung, dass er weder Stadtplan noch die Tourist Info braucht, um Auckland kennenzulernen.

„Man kann doch einfach losgehen und mal schauen, was die Stadt so bringt!"

Schnell war mir klar, dass hier Old Economy und Generation Z am Kämpfen sind und um etwas streiten, wo es keinen Gewinner geben konnte. Aber irgendwie wollte ich auch nicht einfach so nachgeben. Tim bestand ebenfalls auf seiner Meinung. Es zeichnete sich ein entschiedenes Unentschieden ab und keiner wollte es so machen, wie es der andere vorgeschlagen hatte. Letztendlich vereinbarten wir, dass wir gemeinsam mit dem Bus in die Stadt fahren würden und abends gemeinsam wieder zurück. Die Zeit dazwischen sollte eine freie Zeit für jeden von uns sein. Als Treffpunkt machten wir 18 Uhr und das Sky City Bus Terminal, 102 Hobson Street, aus.

∿

Die Fahrt von Aucklands Stadtteil Remuera hinein ins Herz der 1,4 Millionen Einwohner großen Stadt Neuseelands, in der etwa ein Drittel der neuseeländischen Bevölkerung lebt, dauerte etwas mehr als eine halbe Stunde.

Gefühlt fuhren wir im Zickzack, immer um einen der 53 inaktiven Vulkane, zwischen denen sich die Großstadt erstreckt.

In der Stadt angekommen, schlenderten Tim und ich zuerst noch gemeinsam am Hafen und dem viktorianischen, rostbraun-beigen Downtown Ferry Terminal entlang, bevor sich unsere Wege in der „City of Sails" trennten. Tim marschierte schnurstracks in Richtung der Einkaufsstraße, der Queen Street, los, während ich, noch am Hafen sitzend, dem Treiben der ankommenden Asiaten am Pier 3B zusah, die hektisch rennend und fotografierend ihren Landgang zelebrierten. Worte wie „oooooooh woundelfullll" oder „looook theeeere" flogen durch die Luft und ich erfreute mich an ihrer Art sich zu freuen; ich lachte in mich hinein und genoss die warme Sonne auf meinem Gesicht. Ich setzte mich etwas abseits auf eine Parkbank und ließ meinen Blick über den Hafen streifen. Man konnte sehr gut bis hinüber zur Stanley Bay und östlich bis zur achtspurigen Auckland Harbour Bridge blicken, die über den „Waitemata Harbour" die „Saint Marys Bay" mit der „North Shore City" verbindet. Die vielen Segelschiffe schaukelten munter im Wasser und weiße Wolken zogen am Himmel geruhsam vor sich hin.

Ich verlor mich in meinen Gedanken und beobachtete die ziehenden Wolken. Immer wieder ließen sich weiße Wattefiguren erkennen und eine Wolke sah sogar aus wie ein Delfin, der mir gerade zuzwinkerte.

Lachend stand ich auf, zwinkerte dem Delfin zurück und folgte dem Wegweiser in Richtung City Center. Ich ging schnurstracks zur Tourist Info, holte einen Stadtplan und los ging es, auf dem analogen „old and traditional way".

Und weißt du was? Ich hatte Schmetterlinge im Bauch und fühlte mich so richtig vogelfrei. Ich schlenderte mit einem tiefen und zufriedenen Lachen durch die Stadt und war mir ganz sicher, dass heute ein toller Tag werden würde. Am Fuße des Sky Tower blieb ich stehen, blickte nach oben und es war mir klar, dass Tim seinen Mann stehen würde, wie dieser Turm hier. Er würde seinen Weg gehen, seinen eigenen Weg – nicht nur heute, sondern auch jeden zukünftigen Tag in seinem Leben!

∿

Aucklands Innenstadt empfing mich mit einer lebendigen und bunten Mischung aus Shoppingwelt, Restaurantszene und einer architektonischen „Alt-Neu-Kombination". Da waren Stadthäuser im viktorianischen Stil neben 70er-Jahre-Hochhäusern und Shopping-Erlebnis-Tempeln. Es gab die üblichen Verdächtigen der internationalen Designerszene, aber auch einheimische Modern- sowie Retro- und Vintage-Mode. Ich ließ mich treiben und schwamm mit den vielen anderen Menschen um mich herum durch die Stadt. Ich genoss es, an der einen Ecke einen Kaffee zu trinken und an der nächsten Ecke einen „oven fresh Mrs. Higgins Cookie" zu genießen. Der „Raspberry & White Choc" war wieder zum Reinlegen – diese Cookies musst du unbedingt probieren. Ich glaube aber, die gibt es nur in Neuseeland oder Australien.

Nachdem ich die Queen Street und ein paar weitere Querstraßen erkundet hatte, kaufte ich mir bei meinem „Supermarkt des Vertrauens" – bei „New World" – eine Kleinigkeit zum essen und spazierte hinauf zum Albert Park.

Hier in der „grünen Lunge" des City Centers, das von der Wellesley Street East, der Princes Street, der Bowen Avenue und der

Kitchener Street begrenzt wird, machen die Bänker, Verkäufer und Studenten der nahen Auckland Uni ihre Mittagspause. Auf einer schönen und gemütlichen Parkbank genoss ich mein Mittagessen und das angenehme Treiben im Park. Multikulti ging es hier zwischen den gepflegten Blumenbeeten und den Skulpturen zu. Die Sonne schien und der Herzschlag der Stadt war zu hören. Die umherstehenden Hochhäuser, die von den Bäumen des Parks verdeckt wurden, streckten ihre obersten Etagen durch die Baumkronen, und die Nachmittagssonne spiegelte sich in den Fenstern der Penthouses.

Schön war es hier!

Wieder so zur Ruhe kommend, fühlte ich den herannahenden Abschied. Nicht mehr lange und wir würden wieder nach Deutschland aufbrechen. So richtig wollte ich mich aber noch nicht auf diesen Gedanken und die damit verbundenen Gefühle einlassen und beschloss, die am Fuße des Albert Park liegende „Auckland Art Gallery – Toi O Tamaki" zu besuchen. Nach nunmehr fast 4 Wochen atemberaubender neuseeländischer Landschaft und Natur brauchte mein Kopf doch ein paar Minuten, um sich auf die Kunst einzustellen. Da hingen Portraits und Alltagsszenen aus dem Leben der Maori, die der in Böhmen geborene Gottfried Lindauer geschaffen hatte und auf denen die Tattoos der Ureinwohner für mich beeindruckend zur Geltung kamen. Es gab Werke von Colin McCahon, dem bedeutendsten Vorreiter der abstrakten Malerei in Neuseeland, und eine Sonderausstellung „The Body Laid Bare". Diese Ausstellung hat mich berührt, da sie einen interessanten Grundgedanken hatte: Wir sind alle menschliche Wesen und kommen alle nackt auf die Welt. Das heißt, in der ersten Sekunde unseres Lebens sind wir alle gleich! Im Laufe aller weiteren Minuten unseres Lebens, in denen wir Zeit und Raum durchschreiten und werden, was wir sind, nämlich unterschiedliche Menschen, gehen wir am Ende unseres Daseins doch wieder nackt und gleich davon. Das ist eine spannende Sicht auf uns „Humans", oder?

Es war spät geworden an meinem Citytag in Downtown Auckland. Die Lichter in den Schaufenstern gingen an, als ich zum vereinbarten Treffpunkt, dem Sky City Bus Terminal, ging. Tim war pünktlich und winkte mir glücklich, erschlagen und müde zu. Ich war gespannt auf seine Erlebnisse. Wir begrüßten uns mit einem „High five".

„Schön, dich zu sehen", sagte er und ich umarmte meinen „Riesensohn" auf Zehenspitzen.

∿

Mein lieber Freund, ich glaube, jede Lebensphase hat seine Rituale, seine Zeit und bestimmte Menschen um uns herum. Da unsere Kinder nun flügge werden, treten auch wir nun in eine neue Lebensphase ein und müssen wieder neue Rituale für uns erlernen und uns neu finden. Lass uns mal wieder zusammen essen gehen und „Empty-Nest-Geschichten" austauschen…

Liebe Grüße an Hanna und macht's gut,
Andreas

Erkenntnis des Tages
Jeder braucht auch ICH-Zeit für sich allein. Sie schafft Abstand und gleichzeitig Vertrauen. Nutze diese Zeit, um bei dir selbst anzukommen.

Der letzte Abend

Wohin du auch gehst, gehe mit ganzem Herzen.

Konfuzius, 551 v. Chr.–479 v. Chr.

Lieber Tim,

30 Tage und Nächte, 3.700 zurückgelegte Kilometer, tolle Erlebnisse und wunderbare Vater-Sohn-Gespräche liegen hinter uns. Unsere Vater-Sohn-Auszeit geht dem Ende entgegen und wir werden unseren letzten Abend hier in Neuseeland – dem Land der weißen langen Wolke – am anderen Ende der Welt verbringen.

Für mich ist unser letzter Abend kein trauriger Abschied oder gar eine „Erfolgsrechnung", sondern ein Abend der Freude, des Feierns und der schönen Erkenntnisse. Ich will mit dir Spaß haben und lustvoll darüber reden, was uns diese Reise geschenkt hat.

Mir ist es ein Bedürfnis, mit dir die Offenbarungen unserer Reise zu reflektieren und nach vorne zu schauen, um mit Freude und Lust an unserer Zukunft zu bauen. Eine Zukunft, die nun, da du erwachsen bist, anders sein wird als die Zeit zuvor. Du bist nun ein Mann.

Nicht nur für uns Männer ist es wichtig, dass wir lernen, Dinge abzuschließen. Ich bin überzeugt davon, dass, wenn es uns gelingt, in unserem Leben „wertschätzende Abschlüsse" zu zelebrieren, wir leichter und kraftvoller durchs Leben gehen. Jedes noch so kleine Ende ist einen Abschluss wert – ganz so, wie wenn du ein gutes Buch zuklappst. Stell dir vor, es lägen überall offene, nicht zugeklappte Bücher in deinem Zimmer herum – wie würde sich das für dich anfühlen, wie sähe das aus? Aber genau so laufen wir Menschen oft durch das Leben.

Wir schließen nicht ab.

Wir sprechen das, was noch gesagt werden muss, nicht aus. Oder wir sprechen es aus und machen den anderen platt, schreien ihn an und schüchtern ihn ein. Damit können wir dann zwar abschließen – und manchmal geht es uns auch gut dabei, aber wir nehmen uns die Möglichkeit zu hören, was der andere uns noch mit auf den Weg geben möchte. Wir fügen der anderen Seele außerdem enormen Schaden zu.

Mein Großer, ich wünsch dir, dass du lernst, abzuschließen, loszulassen und viele Bücher von hinten her zuzuklappen. Eine nicht zu erahnende Power, Energie und Super-Heilkraft für den nächsten Schritt nach vorne liegt in einem gelungenen Abschluss. Er gibt dir einen klaren Blick und einen freien Geist, um dich mit kraftvollen Gedanken in neue Abenteuer zu stürzen.

Auf jeden Fall freue ich mich schon auf unseren Abschlussabend. Der Einkauf lässt ein Wahnsinnsmenü erahnen: 2 mal 300 Gramm Rumpsteak, einen Weißwein aus den Marlborough Sounds, Green-Lipped Mussels und Feijoas. Unser „Kiwi-3-Gänge-Abschluss-Menü" und ein toller Abend erwarten uns. Weißt du was? Ich schreibe später weiter und geh schon mal in die Küche, stelle den Wein kalt und putze die Muscheln.

…

∿

Hi mein Großer,
nun sitzen wir hier am Abflugterminal in Auckland am Flughafen

und warten auf unser Boarding, um über Singapur zurück nach Frankfurt zu fliegen. Ich nutze die Wartezeit und schreibe meinen Brief an dich noch zu Ende, den ich gestern vor dem Abendessen noch begonnen hatte. Nach dem Spülen und dem Kofferpacken war ich zu platt, um weiterzuschreiben.

Here we are …

∼

Zuerst einmal vielen Dank für diesen fröhlichen und schönen Abend! Mir hat es sehr viel Spaß gemacht, noch einmal mit dir gemeinsam zu kochen. Schon das Vorbereiten des Essens, vom Putzen des Salates über die Zubereitung der Salatsoße bis zum Kochen der Muscheln und dem Grillen der erstklassigen Steaks war es eine Freude, gemeinsam mit dir Hand in Hand zu arbeiten. Unser Teamwork nach 4 Wochen hat sich nahezu perfektioniert, oder? Nur das mit dem Spülen müssen wir noch üben. Da geht deine Laune immer schnell und steil in den Keller …

∼

Es war schon ziemlich spät, als wir uns in unsere Winterjacken eingepackt, mit dem letzten Glas „Awatere River – Annas Way" Sauvignon Blanc aus den Marlborough Sounds auf unseren Campingstühlen vor unserem Camper niederließen. Die Luft war klar, aber nicht zu kalt. Die Grillen zirpten und neben uns brachte das junge Pärchen aus München ihre beiden kleinen Kinder zu Bett. Die Sterne und allen voran das „Kreuz des Südens" waren gut zu sehen. Wir schwiegen für ein paar Minuten gemeinsam in den dunklen schwarzen Nachthimmel Neuseelands hinein. Du hast als Erster die Stille durchbrochen und gesagt: „Du, Papa … wir hatten eine echt tolle Zeit hier, oder was meinst du?"

Ich antwortete dir, ohne lange zu überlegen: „Ja, das finde ich auch. Toller, als ich zu träumen gewagt hätte."

Eine Welle der Bedrücktheit überkam mich und ich schluckte kurz. Meine Stimme stockte erst, dann brach es aus mir heraus: „Ich wäre gerne öfter in deinem Leben für dich da gewesen. Ich war allzu oft ein abwesender Vater... bitte verzeih mir."

Wir fielen uns in die Arme.

„Das warst du nicht! Du hast nur aus der Ferne zugesehen, wie ich wachse. Wenn ich dich gebraucht habe, warst du doch immer für mich da und hast mich getragen. Einen besseren Vater als dich hätte ich mir nicht wünschen können. Danke für alles!"

Wir setzten uns ein letztes Mal in unsere abgewetzten dunkelgrauen Polyester-Campingklappstühle und rauchten gemeinsam genüsslich eine Cohiba-Zigarre, die ich von zu Hause genau für diesen Moment mitgebracht hatte. Dazu tranken wir den letzten Schluck Whisky aus meinem Flachmann und genossen noch einmal unsere Vater-Sohn-Zweisamkeit. Wir verstauten ein letztes Mal die Campingstühle, löschten das Lagerfeuer und packten unsere Koffer. Deine Neuseeland-Playlist spielte „Something just like this" von „The Chainsmokers" und ich dachte für mich: Genau das ist die Frage – wo willst du eigentlich hin? Wie viel willst du riskieren?

∼

Als wir zu Bett gingen, riskierte ich noch einen Vorstoß in unsere Zukunft und schlug dir vor, dass wir von nun an jedes Jahr einen Vater-Sohn-Tag machen. Ein Tag im Jahr, nur du und ich. Du hast sofort eingeschlagen und den ersten Samstag im Juni vorgeschlagen. Toller Vorschlag! Dieser Tag ist von nun an und für immer unser Vater-Sohn-Tag!

∼

Aus dem Seitenfenster unseres Campers schaute ich dankbar und demütig ein letztes Mal nach oben in den Sternenhimmel Neuseelands und sagte zu mir: „Auf Wiedersehen, Kreuz des Südens. Danke für diese allerschönste Zeit mit meinem Sohn!

Dein Papa

PS: Lieber Tim, am Anfang unserer Reise haben wir uns gefragt, welche Erlebnisse, Erfahrungen und Begegnungen hier auf uns warten würden.
Ich für meinen Teil bin ganz oft mir selbst und dir, meinem wunderbaren Sohn, begegnet. Ich habe die Zeit hier mit dir als sehr intensiv, ehrlich und lehrreich empfunden. Für mich hat die Reise unser Vater-Sohn-Seil, das uns ewig verbinden wird, sehr stark gemacht und ihm neue Spannkraft gegeben. Es fühlt sich nun anders an als zuvor – kraftvoller! Das Seil hält mehr aus, trägt mehr und kann mehr ertragen. Ich freue mich jetzt schon auf jedes kommende Vater-Sohn-Erlebnis mit dir. Ich bin stolz auf dich! Du bist ein ganz toller Mann!

Erkenntnis des Tages
Verbringe mindestens einmal im Jahr einen ganzen Tag nur mit deinem Sohn.

Wieder zu Hause

Die Summe unserer Erkenntnisse besteht aus dem, was wir gelernt, und aus dem, was wir vergessen haben.

Marie von Ebner-Eschenbach, 1830-1916

Liebe Claudi,

so eine Rückreise nach so vielen Wochen weg von zu Hause, weg von dir, weg von unserer Familie ist echt ein merkwürdiges Gefühlskarussell. Kennst du das auch, dass sich irgendwie der Rückweg immer sehr viel länger anfühlt als der Hinweg? Auf jeden Fall geht es mir nicht schnell genug und das Warten auf dem Flughafen in Singapur war echt nervig. Umso besser war es dann, dass die LH 779 sehr leer war und wir uns quasi quer in die Sitze legen konnten. Wir haben diese unverhoffte „maximale Freiheit in der Economyclass" natürlich schamlos in Anspruch genommen und konnten dadurch echt ein paar Stunden schlafen.

∿

Anfangs konnten meine Gedanken so schnell keine Ruhe finden. 1.000 Fragen und Emotionen kreisten hin und her, änderten ständig die Richtung und suchten eine Antwort. Eine Antwort, die die nächsten Tage, die nächsten Wochen oder das nächste Jahr erst bringen kann. Wie wird es sich anfühlen, dich wieder in meine Arme zu schließen? Wie wird er sich anfühlen, unser erster Kuss? Wie wird es sein, die Türschwelle unseres Häuschens zu überschreiten? Freut sich meine Tochter überhaupt darauf, mich wiederzusehen?

Ich freue mich auf jeden Fall, wieder neben dir aufzuwachen. Ich freue mich auf echtes Brot. Ich freue mich auf einen guten Kaffee und das eigene Bad.

Ein plötzliches „Nicht-Fisch-noch-Fleisch-Gefühl" überkam mich. Wird es mir leichtfallen, mich wieder in die alten Strukturen zu begeben, oder wird es sehr anstrengend sein, wieder zu „funktionieren"? Will ich mich überhaupt wieder anpassen, einpassen und der Mensch sein, der ich vorher war? Was hat sich zu Hause verändert? Wie habe ich mich verändert?

Ich will mir auf jeden Fall, solange es noch geht, den Blick des Neuen bewahren. Alltägliches um mich herum wieder neu entdecken. Ich freue mich schon, gemeinsam mit dir durch die Weinberge im Glottertal zu spazieren, im Kaiserstuhl in einem Gasthaus einzukehren und mit dem Fahrrad an der Elz entlangzufahren.

Ich freue mich, unsere Heimat mit neuen alten Augen zu sehen.

Und ... ich habe eine Idee: Lass uns am letzten Tag, bevor Tim seine Ausbildung beginnt, ein kleines Familienritual begehen. Lass uns ihn im Kreis unserer Familie „offiziell" in sein Erwachsensein entlassen. Was meinst du? Wir könnten gemeinsam etwas Besonderes kochen, den Tisch festlich decken und uns schön kleiden. Wir könnten ihm eine „Erinnerungskiste" schenken, in die wir schöne und wichtige Erinnerungsstücke seines Lebens hineingeben. Jeder von uns könnte ihm einen ganz persönlichen „Abschieds-Liebesbrief" schreiben, in dem steht, was wir an Tim lieben und an welche Erlebnisse wir uns ganz besonders gerne erinnern. Wir werden ihm unsere Wünsche für seine Zukunft als erwachsener Mann mit auf den Weg geben und ich will noch ein Fotobuch von unserer Reise machen und ihm an diesem Abend schenken.

Morgens gegen 11 Uhr sind wir in Frankfurt gelandet. Bereits die sehr deutsche Ansage „Herrrzlich willkommen in Frrrankfurt am Main" der Stewardess kündigte an, dass wir wieder zu Hause in Deutschland sind. Wie bewusst man doch die eigene Sprache wahrnimmt, wenn man einige Wochen weg war und in einer anderen Sprache gelebt hat, dachte ich. In Neuseeland wurden wir begrüßt mit Kia Ora and welcome home – das ist doch ein Unterschied, oder?

Wir bahnten uns unseren Weg durch den Flughafen hin zum Fernbahnhof. Zwischendurch checkten wir per App die Zugverbindungen nach Freiburg und mussten dann auch nicht lange warten, bis wir einen ICE zurück in den Süden besteigen konnten. Tim ließ sich neben mir in den Sitz fallen und sagte: „Mensch, bin ich froh, wenn ich endlich wieder zu Hause bin."

Es dauerte dann auch nicht lange, bis das Riesenbaby neben mir wieder schlief, und ich setzte meinen Brief an dich fort. Als ich so im Zug an einem der Holztische saß und die vertraute Playlist meines IPods so vor sich hin spielte, war es das Lied „Ich bin ich" von Rosenstolz, das mich in die Realität zurückholte.

Ich musste an meinen Job, meinen Chef, an meine Kollegen und meine Mitarbeiter denken. Wie wird er sein, der erste Tag zurück in der Firma? Wird mein Schreibtisch überquellen vor Post oder hatten meine Vertretung und meine Mitarbeiter alles im Griff?

Und da war wieder das Gefühl, das ich schon im Flieger in der Magengrube verspürte: Wie, wenn man zwischen 2 Welten wandelt? Ist das der Zustand zwischen Zuhause-Sein und Noch-weg-Sein? Das Gefühl zwischen Sehnsucht nach Ungezwungenheit und Freiheit, aber auch das Bedürfnis nach Zugehörigkeit und Geborgenheit? Beides ist irgendwie widersprüchlich und doch ist beides in mir präsent wie niemals zuvor.

In der Ethnologie gibt es den Begriff der Liminalität. Er bezeichnet den Zustand zwischen 2 Entwicklungsstadien, die Phase zwischen „nicht mehr" und „noch nicht". Ziemlich genau dort befinde ich mich gerade. Begleiterscheinungen der Liminalphase sind oft, dass man schon Verhaltensweisen des Zielzustandes imitiert, im Versuch, sich schneller zu integrieren.

∾

Ich dachte daran, dass wir die letzten Wochen mit sehr wenigen Dingen erstaunlich gut ausgekommen sind. Die Orte, die wir bereist haben, wollten wir sehen. Wo wir geschlafen haben, wollten wir schlafen. Wo wir angehalten haben, wollten wir anhalten. Alles war eigenbestimmt, war Wunsch, Intuition und Sehnsucht und nicht MUSS. Wie leicht es uns fiel und mit wie viel Spaß, Neugierde und Freude wir durch den Tag gingen, ist für mich immer noch beeindruckend. Ich spürte, dass „ICH WILL" von einer unglaublichen Eigenmacht, einer Eigeninitiative und einer starken inneren Freude gespeist wird.

Erstaunlich, wie wenig wir wirklich müssen, aber wie viel wir erreichen, wenn wir wirklich wollen.

∾

Ich blickte hinüber zu unserem Sohn, der immer noch schlief. Ich glaube, er ist noch einmal ein Stück größer geworden – äußerlich und innerlich.

Ich ging auf die Toilette und der Blick in den Spiegel verriet mir, dass ich mich verändert hatte. Der schwarz-grau-melierte Vollbart, der mir entgegenschaute, war nun 6 Wochen alt. Ich bemerkte, dass ich den Gürtel meiner Hose ein Loch enger schnallen konnte und es schaffte, meine Haare zu einem Pferdeschwanz zusammenzubinden. Ich bin gespannt, ob du mich erkennst, wenn wir gleich zu Hause ankommen.

Liebe Claudi, vor 30 Tagen, am 23. April 2017, sind Tim und ich aufgebrochen. Mehr als 720 Stunden am Stück haben wir zusammen verbracht. Wir waren mit dem Flugzeug, mit einem Camper, mit Bussen, mit einem Speedboot, auf einem Traktoranhänger, mit einem Wassertaxi, zu Fuß, zu Wasser, zu Land und in der Luft unterwegs. Jeder von uns hat viele Dinge zum ersten Mal in seinem Leben gesehen, erlebt, gegessen oder getrunken. Das war großartig. Dennoch ist die Rückkehr nach Hause zu dir und zu unserer Tochter für mich, und ich denke auch für Tim, ein ganz besonderer Moment.

Als unser Zug am Bahnhof in Freiburg einfuhr und ich dich und meine Tochter lachend und freudestrahlend winkend auf dem Bahnsteig stehen sah, hatte ich Freudentränen in den Augen. „Schön, wieder hier zu sein" sagte meine Seele zu mir und tief in meinem Inneren durchströmte mich ein glückliches und zufriedenes Gefühl. Ein Gefühl, das Liebe, das Heimat heißt.

In Liebe und Dankbarkeit,
Dein Andi

Danke an

Vielen Dank, mein Sohn, dass du mir Zeit von deiner Lebenszeit geschenkt hast und mich mit deiner Zuneigung, deiner „Sohnliebe", deinem Vaterhunger, deinem Zuspruch, deinem Widerspruch, deinem Widerstand, deinem Ziehen und deinem Herausfordern zu dem Mann gemacht hast, der ich heute bin. Ich freue mich auf jede weitere Sekunde mit dir – von Mann zu Mann, von Freund zu Freund, von Vater zu Sohn.

Vielen Dank an meinen Vater und meine Mutter, die mir Wurzeln und Flügel gegeben haben und mir immer ein Heimathafen sein werden.

11 Empfehlungen für deine unvergessliche Vater-Sohn-(Aus-)Zeit

Viel zu spät begreifen viele die versäumten Lebensziele:
Freuden, Schönheit und Natur, Gesundheit, Reisen und Kultur.
Höchste Zeit ist's! Reise, reise!

Wilhelm Busch, 1832–1908

1. Stimme dein Vorhaben mit der Mutter deines Sohnes / deiner Lebenspartnerin ab

Ein wichtiger Schritt auf dem Weg zum Mann-Sein ist die Abnabelung von seiner Mutter. Dieser Schritt ist für beide nicht einfach, aber er ist erforderlich, damit er in seinem Leben erfüllende Beziehungen zu Frauen eingehen kann. Es wird umso besser gelingen, wenn es einen präsenten Vater in seinem Leben gibt. Der Mutter deines Sohnes wird die Abnabelung schwerfallen und auch sie muss sich diesem Prozess stellen. Mach ihr klar, dass eure Reise ein wichtiger Entwicklungsschritt für deinen Sohn ist (wenn sie das nicht schon von sich aus weiß), und wünsche dir von ihr ihren persönlichen Beitrag dazu.

Lass dich unterstützen von ihr und kämpfe um ihren Zuspruch. Sprich aus, was dir wichtig ist, und stimme ihr nicht um des Hausfriedens Willen zu. Legt gegenseitig fest, was euch wichtig ist, wenn du mit deinem Sohn „on Tour" gehst. Seid ein Team und stärkt und stützt euch gegenseitig. Nutze sie als Ratgeberin und Spiegel – sie wird es dir danken… und by the way, Frauen (insbesondere Mütter) haben eine sehr gute Wahrnehmung. Sie sehen und wissen Dinge von deinem Sohn, die du vielleicht (noch) nicht kennst.

2. Freie Wahl
Vater-Sohn-Zeit ist eine gemeinsame Zeit. Die Wahl, dass ihr beide Zeit miteinander verbringen wollt, darf keine einseitige Wahl und kein Lippenbekenntnis sein. Es darf auch kein Überreden und Erzwingen sein – es muss eine freie Wahl sein! Der Impuls geht in der Regel erst einmal von „einem" aus und der andere braucht Zeit, um darüber nachzudenken und sich zu entscheiden.

3. Gemeinsam das Ziel auswählen und gemeinsam planen
Wichtig ist, dass jeder einen EIGENEN Bezug zu eurem Ziel entwickelt. Oder anders gesagt, wenn dies nicht der Fall ist, besteht die Gefahr, dass der Sohn dem Vater des Zieles willen folgt oder anders herum. Stellt also unbedingt – jeder für sich – einen persönlichen Bezug zu eurem Ziel her. Vielleicht ist euer Ziel ja ein Ort deiner Sehnsüchte oder ein Ort, von dem dir dein Vater immer erzählt hat, oder es ist einfach ein Ort, auf den du persönlich neugierig bist.

Wenn ihr euch für euer Ziel entschieden habt, erstelle eine „Big-5-Liste", auf die ihr schreibt, was die 5 Dinge sind, die ihr gemeinsam sehen, erleben oder tun wollt. Auch hier sollte mindestens ein Punkt enthalten sein, der nur für dich ist – ein persönliches Highlight. Damit stellst du sicher, dass auch deine innere Sehnsucht Nahrung erhält.

4. Augenhöhe und Gleichberechtigung

Schule dich darin, für die Impulse deines Sohnes offen zu sein, diese wahrzunehmen und aufzunehmen. Tue die Sicht und Meinung deines Sohnes nicht als Unerfahrenheit oder Blödsinn ab, sondern respektiere sie und stelle dich ihnen. Damit stellst du dich vielleicht auch deinen eigenen Ängsten und das wird dich persönlich weiterbringen. Ihr seid ein Team, also handelt und entscheidet auch so. Trefft Entscheidungen gleichberechtigt und auf Augenhöhe und nicht per „Vaterentscheid" und der Sohn muss das eben akzeptieren.

Nutzt Fahrzeiten um zu schweigen, um zu reden und um euch Fragen zu beantworten. Fahrzeiten waren für mich immer besondere Tage, wir sind ganz oft auf Themen zu sprechen gekommen, die Zeit in Anspruch genommen haben und auf die wir, bei den vielen Eindrücken während unserer Unternehmungen, sonst nicht zu sprechen gekommen wären. Fahrzeiten sind aber auch eine tolle Möglichkeit, miteinander zu schweigen. Sie sind damit auch eine „ICH-Zeit", um zu verarbeiten und zu reflektieren.

5. Respektvoller Umgang und ein offenes Vaterherz

Gehe auf der Reise nicht nur respektvoll mit deinem Sohn, sondern auch mit anderen Menschen, dir anvertrauten Gegenständen und der Natur um und bewahre dir ein offenes Vaterherz. Sei unvoreingenommen und neugierig und plane nicht alle Situationen in vorausschauender Risikovermeidung. Sei mutig, initiativ und handle der Situation angemessen. Mach die Situation zu deinem Coach und lerne Dankbarkeit und Demut. Deine Offenheit wird das Herz deines Sohnes erreichen und all der anderen Menschen, die ihr auf eurer Reise treffen werdet. Deren Freude wird dann wiederum dein Herz erreichen und so kommt die „Kraft deines offenen Vaterherzens" schließlich zu dir zurück.

6. Seid verbindlich, trefft Vereinbarungen und legt Warngrenzen fest

Sinnvoll ist es, wenn ihr arbeitsteilig vorgeht und Jobs und Erledigungen untereinander aufteilt. Gib deinem Sohn Verantwortung und lehre ihn Verbindlichkeit. Wenn ihr Vereinbarungen trefft, wie zum Beispiel zu einer bestimmten Uhrzeit an einem bestimmten Treffpunkt zu sein, dann müsst ihr pünktlich sein. Denn auf eurer Reise müsst ihr euch stets aufeinander verlassen können. Dieses „Verlassen können auf den anderen" solltet ihr nicht ständig neu ordnen müssen. Es sollte eine Selbstverständlichkeit sein, denn nur so entsteht ein tiefes Vertrauen zwischen euch.

Redet darüber, wie ihr miteinander umgehen wollt, insbesondere wenn euer Miteinander einmal nicht so funktioniert. Sprecht darüber, bevor es kracht zwischen euch. Es kann zum Beispiel sein, dass ihr ein Zeichen vereinbart, um anzuzeigen, dass der eine gerade eine Pause vom anderen braucht. Ihr legt damit Warngrenzen fest, die helfen, die Situation wahrzunehmen, bevor sie eskaliert und euch um die Ohren fliegt.

7. Gemeinsam lachen, gemeinsam Freude haben, aber auch „ICH-Zeiten" zum Genießen und Reflektieren einbauen

„Mach dich locker" oder wie mein Sohn Tim immer sagt: „Chill your life, Papa."

Entspanne dich und genieße die Augenblicke, die euch zuteilwerden. Lacht gemeinsam und teilt eure Freude auch mit euren Lieben zu Hause. Denn nichts ist schöner, als etwas Schönes mit jemandem zu teilen, der dir wichtig ist.

Tim hat mir nach unserer Reise gesagt, dass er es genossen hat, auch Zeit für sich zu haben. Nutzt die gemeinsamen Abende und reflektiert über „die schönsten 3 Dinge des Tages". Nutzt die Abende und lasst auch mal Smartphone Smartphone sein. Lebt im Jetzt und Hier. Ein gemeinsames Vater-Sohn-Bier am Lagerfeuer und ein Männergespräch am Abend sind wertvoller als der Austausch in sozialen Netzwerken.

8. Das Richtige und „smarte Technik" einpacken

In der heutigen Zeit ist es klar, dass weder Vater noch Sohn ohne „smarte Technik" auf Reisen gehen. WLAN ist normalerweise verfügbar. Die Vorteile liegen auf der Hand. Ihr könnt mit euren Lieben zu Hause in Verbindung bleiben und die Zeit fühlt sich für die Zuhausegebliebenen nicht so lange an. Gleichzeitig ist es in der Regel sehr günstig, über WLAN zu telefonieren.

Ihr könnt die nächsten Schritte eurer Reise natürlich online besser vorausplanen. Es kann auch hilfreich oder gar in Hauptreisezeiten unabdingbar sein, die jeweils nächsten (Wunsch-)Unterkünfte im Voraus zu reservieren.

Sinnvoll ist es auch, deine Bilder und Videos online in der Cloud zu speichern. Das gibt dir Sicherheit und entspannt ungemein.

Nehmt unbedingt ein Smartphone mit, denn der Busfahrplan, der Stadtplan, die Wettervorhersage, die Lieblingsmusik für gute Laune, der Ersatzreader oder auch die Kamerafunktionen darin sind auf Reisen unendlich nützlich. Neben all den dazugehörenden Steckern ist natürlich ein Reiseadapter unersetzlich (besser 2 oder 3 mitnehmen… das verhindert Stau an der Steckdose).

Last, but not least fand ich den Kopfhörer-Adapter für das Flugzeug als eines der nützlichsten technischen Geräte überhaupt. Es erlaubt dir, mit deinem eigenen Kopfhörer das Bordprogramm zu genießen, ohne dass dir gleich nach einer halben Stunde die Ohren wehtun. (Ach ja, nimm einen guten Kopfhörer mit. Am besten einen mit Geräuschunterdrückung. Teuer, aber echt erholsam!)

2 Dinge, die außerdem sehr hilfreich sind: ein scharfes Messer und eine Taschenlampe.

Das Jagdmesser meines Opas hat mir sowohl bei Küchenarbeiten als auch bei Reparaturarbeiten stets gute Dienste geleistet. Beachtet aber bitte, dass, wenn ihr mit dem Flugzeug verreist, das Messer in den Koffer und nicht ins Handgepäck gehört. Die Taschenlampen, am besten 2 bis 3 Stück, sind ebenfalls sehr nützlich und haben mehr Akkulaufzeit als eure Handytaschenlampen. Spätestens, wenn ihr bei Dunkelheit noch unterwegs seid, werdet ihr an mich denken.

9. Reisetagebuch

Ebenso altmodisch wie genial ist es, ein Reisetagebuch zu führen. Natürlich kannst du das auch digital machen. Ich bevorzuge die analoge Variante, da ich immer gerne Dinge einklebe, mir kleine Zeichnungen dazu anfertige oder einfach nur Smileys, Symbole oder Gedanken-Wölkchen dazu male. Schreib dir jeden Abend die 3 schönsten Dinge des Tages auf, die du gesehen oder erlebt hast. Das lässt dich zur Ruhe kommen, den Tag verarbeiten und positiv abschließen.

Ich fand es sehr hilfreich, meine persönlichen Erkenntnisse des Tages aufzuschreiben und eine „Zum-ersten-Mal-Liste" zu führen. Die „Erkenntnis-Liste" half mir, zu reflektieren, zu lernen und meine Erlebnisse zu verankern. Die „Zum-ersten-Mal-Liste" hat mich staunen gelehrt, wie viel ich in meinem Leben noch nicht gesehen, gemacht, gegessen oder getrunken habe.

10. Abschluss-Ritual und Feedback

Jede Reise geht einmal zu Ende. Das ist schade, aber auch gut so. Lerne Abschied zu nehmen und dich auf Neues zu freuen. Nutze aber auch zum Beispiel den letzten Abend, um „gut und wertschätzend abzuschließen". Abzuschließen und „ein Buch von hinten her zuzuklappen", verleiht eurer gemeinsamen Zeit eine besondere Wertschätzung, die ihr auch gebührt! Ein guter Abschied verleiht dir einen klaren Blick und auch Energie für das, was zu Hause auf dich wartet.

11. Nicht verrückt machen – losgehen!
Das Wichtigste überhaupt. Nicht sich vorher verrückt machen und NICHT ÜBERPLANEN. Gebt den vielen wunderbaren Menschen und Orten, die ihr auf eurer Vater-Sohn-Reise treffen werdet, eine Chance, euer Leben zu bereichern und eure Reise zu beeinflussen!

Aber vor allem: Gebt euch eine Chance. Seid neugierig aufeinander und geht euren Weg Schritt für Schritt. Es ist euer Weg und eure Lebenszeit. Das kann euch keiner nehmen! Los geht's!

Quellenangaben

An dieser Stelle wird ausdrücklich darauf hingewiesen, dass im Text enthaltene externe Links nur bis zum Zeitpunkt der Buchveröffentlichung eingesehen werden konnten. Auf spätere Veränderungen hatte der Autor keinen Einfluss. Eine Haftung ist daher ausgeschlossen.

Endnoten

1. exit row: eine Sitzreihe an Bord eines Flugzeugs, die sich neben dem Notausgang befindet

2. ANZAC-Kekse sind Kekse aus den Zeiten des Ersten Weltkrieges, als die daheimgebliebenen Frauen ihren Männern an der Front Leckereien schicken wollten, die die lange Reise überstehen konnten und dazu noch gesund waren.

3. Vgl. https://de.wikipedia.org/wiki/ANZAC_Day; 24. April 2018.

4. The Remarkables sind ein Gebirgszug in der Region Otago auf der Südinsel Neuseelands.

5. Round Table (RT) zählt zu den Serviceklubs und ist eine parteipolitisch und konfessionell neutrale Vereinigung junger Männer im Alter von 18 bis 40 Jahren. Die Idee und die Organisationsform von Round Table haben ihren Ursprung in der Tradition des englischen Klublebens: Örtlich selbstständige „Tische" führen jeweils etwa 15 bis 25 junge Männer unterschiedlicher Berufe und Wirkungsbereiche zusammen. Anders ausgedrückt: Round Tabler (Kurzform: „Tabler") sein heißt, regional sozial aktiv zu sein. Es werden Serviceprojekte nicht mit dem Scheckbuch geregelt, sondern durch Anpacken. Tabler planen, organisieren und setzen selbst um. Viele erfolgreiche und nachhaltige Projekte wurden dabei deutschland- und zum Teil weltweit bereits umgesetzt. (Quelle: https://de.wikipedia.org/wiki/Round_Table und https://www.round-table.de/das-machen-wir/ vom 30. April 2018)

6. Old Tablers Deutschland (OTD) ist eine parteipolitisch und konfessionell neutrale Vereinigung von Männern im Alter ab 40 Jahren, die vormals Mitglieder der Organisation Round Table Deutschland (RTD) waren. Die Mitglieder der einzelnen Clubs von OTD, sogenannte „Tische", führen die bei Round Table begonnenen Freundschaften fort, geprägt von Offenheit und gegenseitiger Achtung, Freiheit, Gerechtigkeit, Solidarität und Toleranz. Diesen Werten fühlen sich die Old Tablers in ihrem Handeln und Tischleben in hohem Maß verpflichtet. Des Weiteren unterstützen sie die Aktivitäten von Round Table Deutschland und den dort zusammengeschlossenen Tischen sowie befreundeter Vereinigungen im Bewusstsein der Verantwortung gegenüber der Allgemeinheit. (Quelle: http://www.old-tablers-germany.de/home/old-tablers/ vom 30. April 2018)

7. Gruß- bzw. Schlussformel der „Tabler" untereinander, welche die innere Haltung und die Verbindung zu Round Table zeigt.

8. Vgl. https://www.welt-in-zahlen.de/laendervergleich.phtml?indicator=105; 19. Mai 2018.

9. Graslandebenen

10. Vgl. http://www.panadress.de/www.panadress.de/generation-xyz; 9. Juni 2018.

11. Dram ist eigentlich eine Maßeinheit, 1 Dram entspricht 1,77 Gramm

12. Vgl. https://www.t-online.de/leben/reisen/fernreisen/id_78078242/neuseeland-cardrona-hat-einen-bh-zaun.html; 9. Juni 2018.

13. EOM = End of Message; GLG = Ganz liebe Grüße; CU = „see you" / Wir sehen uns; gig = giggle/kichern

14. Vgl. https://de.wikipedia.org/wiki/Franz-Josef-Gletscher; 22. Juni 2018.

15. Vgl. http://www.pelzinstitut.de/aktuell/detailansicht/article/opossums-oekologischer-alptraum-fuer-neuseeland/; 30. Juni 2018.

16. Die Cookstraße ist die Meerenge zwischen den beiden Hauptinseln von Neuseeland.

17. Der Queen Charlotte Sound ist ein Meeresarm im Norden der Südinsel von Neuseeland mit Zugang zur Tasmansee.

18. doom, englisch: der Untergang.

Foto: © Manuel Uebler

Über den Autor

Andreas Seltmann

(Jahrgang 1968) ist glücklich verheiratet, Vater von zwei Kindern, Ingenieur, Marketingleiter, Business Moderator, Speaker und Employer Branding Experte.

Er weiß, wie es Vätern heute geht und wie anstrengend es ist, Vater-Sein, Beruf, Familie, Verein und Hobby unter einen Hut zu bringen. Er hat selbst jahrelang als Manager damit zu kämpfen gehabt. Seine Überzeugung ist es, dass Väter ihre Söhne in ihr Mann-Sein begleiten müssen, damit aus ihnen starke, integre und ganzheitliche Männer werden. Er beschäftigt sich seit vielen Jahren privat und beruflich mit der Frage, wie sich Menschen miteinander verbinden können, damit inspirierende und nachhaltige Kooperationen gelingen.

Mit seinem Buch will er Männern und Vätern Impulse geben und sie ermutigen, sich auch auf den lohnenden gemeinsamen

Weg mit ihren Söhnen zu machen. Seine Vision ist es, dass gesunde und starke Vater-Sohn-Beziehungen eine neue ganzheitliche und zufriedene Männlichkeit entstehen lassen.

Für Andreas Seltmann sind die Werte „echt, intuitiv, empathisch, mutig und respektvoll" wichtige Treiber, um verantwortungsvoll durchs Leben zu gehen. Kraft, Ideen und Energie tankt er bei Menschen, die ihm guttun, und draußen in der Natur. Er liebt die Berge und fährt gerne Ski, Fahrrad und Motorrad.

Der Autor lebt mit seiner Familie bei Freiburg.

www.neuseesohnland.de
Facebook: special4dads

Impressum

© 2019 sorriso Verlag GmbH, Radolfzell am Bodensee

Alle Rechte vorbehalten. Nachdruck, auch auszugsweise, sowie Verbreitung durch Bild, Funk, Fernsehen und Internet, durch fotomechanische Wiedergabe, Tonträger und Datenverarbeitungssysteme jeder Art nur mit schriftlicher Genehmigung des Verlags.

Die Ratschläge in diesem Buch wurden vom Autor und vom Verlag sorgfältig erwogen und geprüft, dennoch kann eine Garantie nicht übernommen werden. Eine Haftung des Autors bzw. des Verlags und seiner Beauftragten für Personen-, Sach- und Vermögensschäden ist ausgeschlossen. Der Verlag weist ausdrücklich darauf hin, dass im Text enthaltene externe Links vom Verlag nur bis zum Zeitpunkt der Buchveröffentlichung eingesehen werden konnten. Auf spätere Veränderungen hat der Verlag keinerlei Einfluss. Eine Haftung des Verlags für externe Links ist stets ausgeschlossen.

Lektorat: Alexandra Link
Korrektorat: Bianca Weirauch
Layout, Umschlaggestaltung und Satz:
KONTRASTE – Graphische Produktion, Björn Fremgen

ISBN: 978-3-947702-08-4
1. Auflage 2019

Dieses Buch ist auch als E-Book erhältlich.

www.sorriso-verlag.com

Werde Teil der sorriso community:

Bildnachweis:
© Andreas Seltmann: Farbfotos Bildteil und Karte Seite 6
© Manuel Uebler: Coverfoto, Autorenfoto
© Biljana Cvetanovic/#109512290/123rf.com: Grafik Seite 1